Dorothea Bronsema

Wenn die Hoffnung leise anklopft

Dorothea Bronsema

Wenn die Hoffnung leise anklopft

Gedanken vom Suchen und
Gefunden werden

neukirchener

Für „mein Dorf“

Für euch Menschen, die mit mir
Herz und Leben teilen.

—

Alles, was in der Welt erreicht wurde,
wurde aus Hoffnung getan.

Martin Luther

INHALT

Leise Hoffnung wächst

Von Hoffnungsräubern und Hoffnungswundern

Von der größten Hoffnungsgeschichte aller Zeiten

Was der Hoffnung Kraft gibt

Hoffen über Grenzen hinweg

Hoffnung, weil es hell wird

Vorwort

Die letzten Jahre hatten es in sich. Zwei unserer Kinder wurden in der Pandemie geboren. In Momenten, in denen ich den Eindruck hatte, dass die Welt untergehen würde. Mit einem Kind habe ich die erste Woche seines Lebens in Isolation in einem Krankenhaus verbracht. Kontakt zur Außenwelt gab es nur telefonisch. Ich war allein mit einem neugeborenen Baby, das intensivmedizinische Hilfe brauchte. Ein Gefühl, als wäre ich im falschen Film.
Meinen beiden älteren Kindern musste ich erklären, was es bedeutet, dass wenige Kilometer von uns Menschen aufeinander schießen. Und in meinem persönlichen Umfeld sind auch so manche Bomben des Lebens eingeschlagen: Depression, Scheidung, Konflikte und andere Lebensstürme und Scherben.
Manchmal habe ich sie nicht mehr verstanden – meine kleine Welt und die große schon gar nicht.

Ich bin in der Lebensmitte angekommen. In der deutlich zu spüren ist, dass nicht alles gekittet werden kann. Dass nicht alles ein Happy End hat. Und dass meine Zeit begrenzt ist. Ich musste bereits an einigen Gräbern stehen. Habe innegehalten, zurückgeblickt, wurde dankbar und habe vermisst.

An den Gräbern, den realen und den metaphorischen, beginnen wir, dem Leben neues Gewicht zu geben und zu unterscheiden, was wirklich wichtig ist und was wir in Zukunft im Angesicht der Begrenztheit des Lebens meiden wollen.

Manchmal wird die Welt plötzlich ganz eng und klein.
Aber auch intensiv und überraschend besonders.
In den Scherben des Lebens ist so viel zu entdecken.

Ein mir lieb gewonnener Musiker, Bastian Benoa, singt von einem Scherbenmosaik, das Gott aus den Bruchstücken unseres Lebens legt. Ja, die Scherben würden wir uns freiwillig niemals aussuchen, aber im Rückblick ist so vieles zu entdecken.

Während der letzten Jahre, die von Abstand und Isolation geprägt waren, haben wir manchmal in unserem Wohnzimmer gebetet und uns dabei wie die ersten Christen gefühlt. Dabei gab es Momente, die ich so intensiv erlebt habe wie kaum etwas vorher. Wir haben uns gegenseitig ermutigt und angefeuert, nicht aufzugeben. Am Küchentisch erlebte ich Gespräche mit Goldrand. Wir rückten zusammen.

Wir haben gerade jetzt ein Haus gebaut und Bäume gepflanzt, weil wir an ein Morgen glauben.
Und wir haben voller Freude jedes neugeborene Leben und jeden neuen Abschnitt gefeiert – gerade jetzt.
Und während ich die Bretter unseres roten Hauses strich, dachte ich wirklich: „Und wenn morgen die Welt untergeht, werde ich heute noch diese Balken streichen." Die heilige Trotzkraft hat uns Rückenwind gegeben. Gott selbst hat uns Hoffnung gegeben.

Ich bin zur Sucherin geworden.
Zur Hoffnungssucherin im Alltag.
Gerade da, wo ich bin.
An der frischen Luft, im ganz normalen Alltag,
zwischen Duplosteinen und schmutziger Wäsche.

Noch vor ein paar Jahren bin ich viel gereist, fühlte mich manchmal wie eine Weltenbürgerin, die nie ankommt. Jetzt fühle ich mich geerdet an einem kleinen Fleck in Nordhessen mit wenigen Straßen und jeder Menge Natur. Ich bin innerlich und äußerlich angekommen.
Ich habe mich auf den Weg gemacht, Hoffnung zu suchen.
Für mich, für meine Kinder und für die Menschen, die ich liebe.

Zeit zum Schreiben hatte ich oft nur eine Kaffeelänge zwischen Kinderlachen und Chaos um mich herum. Was dort entstand, hat mich gerettet in einer stürmischen Zeit.

Ich durfte Schätze heben: in meinem ganz normalen Alltag, in Scherben, Unfertigem, Buntem und Lautem und auch an wirklich dunklen Orten.

Die Worte purzelten aus mir heraus und ich fand einen Faden zu mir selbst und zu dem, der mich wohl am Besten kennt.
Gott ist mir begegnet – nicht da, wo ich ihn sofort vermutet hätte.
Überraschend! An Orten, an denen ich gar nicht gesucht hatte.

Und je mehr ich gesucht habe, begriff ich, dass ICH gefunden wurde.
Dass da einer ist, der mich immer suchen wird.
Weil er mich liebt.
Der Gott, der nicht begrenzt ist auf menschliche Möglichkeiten.
Der, der die Stürme kennt und nicht flieht, wenn es eng wird.
Der, der kreativ wird, wenn keine Lösungen mehr zu finden sind.

Und wenn ich mir eins wünschen dürfte,
wäre es, dass du in den Zeilen dieses Buches spürst,
dass die Hoffnung leise klopft.

Da wartet so viel Segen und Gutes.
Da wartet Hoffnung!

♥-lich
Dorothea Bronsema

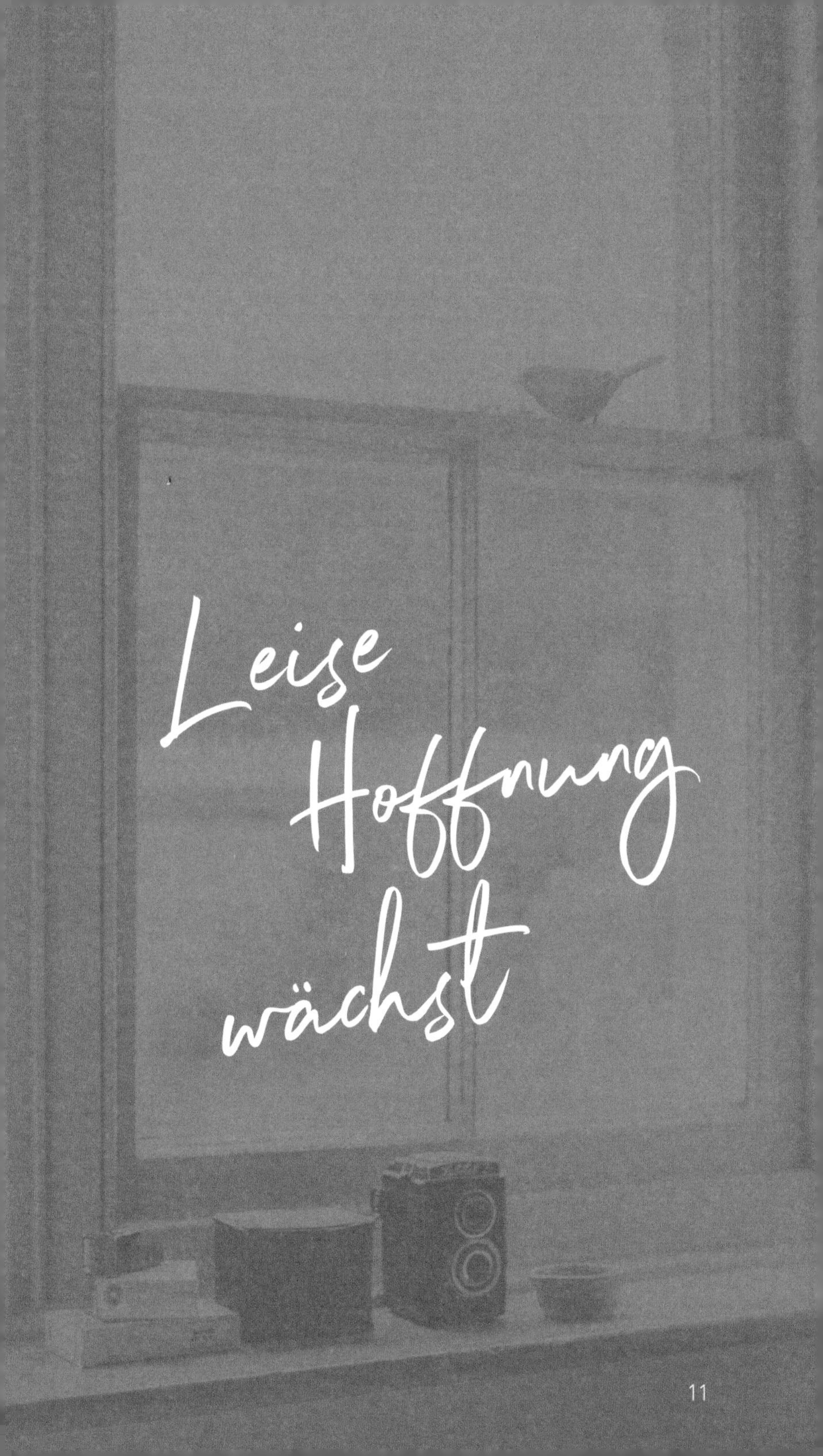

Leise Hoffnung wächst

Hoffnung

ist eine Trotzkraft.
In allen Herausforderungen.
In allen schlechten Nachrichten.
Ja, sogar im hässlichen Angesicht des Todes.

Die Hoffnung klopft leise an.
Lässt Auferstehungshoffnung aufkeimen.
Schenkt das Wunder der kreativen Ideen mitten im Chaos.
Lässt Liebe fließen inmitten von Trostlosigkeit.

Die Hoffnung ist die Kraft der Zwischenzeit.
Sie ruft laut, dass noch nicht alles zu Ende geht.
Sie feuert dich an, zu kämpfen und wieder aufzustehen.
Wieder und wieder und wieder.
Sie legt eine leise Melodie in dein Herz.
Eine Melodie, die von der Zukunft erzählt.
Vom Blühen eines neuen Baums.

Hoffnung ist Rückenwind.
Hoffnung ist wie ein leuchtendes, warmes Haus
mitten in der Dunkelheit.

*Hoffnung ist wie stärkender Kaffee und
wie eine feste Umarmung.*

Sie leuchtet gerne da, wo jedes Licht ausgegangen ist.
Hoffnung ist da, wo Menschen zusammenstehen
und den ansehen, der alles besiegt hat,
was jemals gegen die Hoffnung aufgestanden ist.

Sein Name ist Jesus.
Er ist Hoffnung!

Das verlorene Paradies

Ich glaube, es steckt ganz tief in uns.
Die Sehnsucht nach einem vollkommenen Ort.
Nach der Heimat.
Nach Ganzheit, Frieden und Sicherheit.
Nach einem Leben ohne Brüche und Scheitern.

Unsere Welt ist ganz schön zerbrechlich.
Wir sind immer wieder schockiert,
wie unvollkommen das Leben sein kann.
Wie Menschen sich gegenseitig verletzen und bekriegen.
Wie Katastrophen plötzlich hereinbrechen
und niemand sie verhindern kann.
Wie unsicher unsere Kinder aufwachsen in einer Welt, die sich immer schneller und wilder zu drehen scheint.

Manchmal überkommt mich die Sehnsucht, an einen perfekteren Ort auszuwandern: am besten nach Schweden oder auf eine einsame Insel. Manchmal meine ich, am falschen Platz gewurzelt zu haben und dass es anderswo besser sein muss. Irgendwie steckt dieses Denken, dass das Gras auf der anderen Seite doch sicher grüner ist, tief in mir. Aber ich weiß, auch wenn ich woanders hinreisen würde, hätte ich mich dennoch immer selbst im Gepäck dabei. Meine Geschichte. Meine Ecken und Kanten. Das Leben, das ich letztendlich nicht in den Händen halte.

In der Bibel gibt es einen Vers, der mir viel bedeutet. Dort heißt es, dass Gott uns die Ewigkeit ins Herz gelegt hat. Also eine tiefe Sehnsucht nach dem Ort, an dem wir diese Vollkommenheit finden werden.

Hier auf der Erde werden wir immer wieder stolpern,
uns wundern, uns unvollkommen,
vielleicht auch ein bisschen weltfremd fühlen.

Und trotzdem dürfen wir geborgen leben.
Getragen.
Geliebt.

Geerdet im Hier und Jetzt als Menschen,
die das Leben lieben und feiern.

Und die gleichzeitig auch um die Begrenztheit
des Lebens wissen.

Die Sehnsucht wird immer zu unserem Leben gehören.
Sie ist ein Lebensmotor, der uns antreibt.
Sie bewegt, lässt uns suchen und manchmal finden.
Wir sehnen uns danach, dass alles gut wird.

Schon im Hier und Jetzt.

Genauso sehnen wir uns aber auch danach, dass wir an einem
guten Ort ankommen,
wenn unser Leben auf der Erde endet.
Dass unsere Geschichte ein Happy End bekommt.
Einen Ort, an dem wir sein dürfen.
Diesen guten Ort gibt es.
Eines Tages wird es einen neuen Himmel und eine
neue Erde geben.
Ohne Leid.
Ohne Schmerz.
Ohne Chaos und Katastrophen.
Ohne Sehnsucht, weil wir dann angekommen sind.

Eines Tages wird alles neu.

Besser als jedes jetzige Paradies, das wir uns vorstellen können.
Bis dahin dürfen wir einander Heimat sein
mit sehnsuchtsvollen Herzen
auf dem Weg zum ewigen Zuhause.

Stillsein

Da gibt es einen Zusammenhang zwischen Stillsein und Hoffen.
Je lauter meine Welt wird, desto beladener fühle ich mich.
Als müsste ich alles, was ich höre, selbst tragen.
Und so höre ich zu:
der Freundin, den Nachrichten, manchen Meinungsmachern
und der Nachbarin am Gartenzaun.
Oft fühle ich mich hilflos und ratlos bei all den Katastrophen
und Leiderfahrungen, von denen ich höre.

Und so oft begehe ich den Fehler, zu glauben, dass ich etwas retten könnte. Dabei wurde diese Welt schon vor vielen tausend Jahren gerettet von einem, der die Kraft dafür hat und bis heute am Wirken ist.

So oft spüre ich in mir ein leises Rufen, dass jetzt der Zeitpunkt
gekommen ist, still zu werden.
Im Trubel meines Alltags überhöre ich es oft. Schaffe
den Absprung nicht. Ich muss doch eine Lösung finden.

Und dann wird mein Herz schwer und traurig.

Ich fühle mich hoffnungslos und beladen wie ein Mensch,
der schwere Säcke trägt.

Ich bin so froh, dass mein Schöpfer mich kennt.
Meine Marotten.
Meine Selbstüberschätzung.
Mein Denken, dass ich stark bin und dass mich so schnell
nichts umwehen kann.
Freundlich lädt er mich ein.
Und so oft, wenn ich in seine Nähe komme,
mich zu ihm flüchte, merke ich,

dass all mein Zuviel, Zulaut, Zuschwer
genau da seinen Platz hat.

So oft fließen die Tränen der Erleichterung,
dass es diesen Ort gibt.

Dass ich sein darf.
Dass hier nichts muss, aber alles kann.
Dass ich an diesem Ort die bin, die abladen darf –
immer und immer wieder.
Wie er das nur macht, dass ich wirklich zur Ruhe komme?
Dass meine Atmung sich verlangsamt und mein Herzschlag wieder
ins Gleichgewicht kommt.
Dass sich mein Selbstbild wieder zurechtrückt.
Dass Hoffnung wieder einzieht.
Dass Lautes leise und Schweres leicht wird.

—

Denn so spricht Gott der HERR,
der Heilige Israels: Wenn ihr umkehrtet und stille
bliebet, so würde euch geholfen; durch Stillesein
und Vertrauen würdet ihr stark sein.

(Jesaja 30,15)

Wenn weniger mehr ist

Ich bin Jägerin und Sammlerin. Schätze jeglicher Art finden ihren Weg in unser Haus. Angefangen bei Flohmarkt-Fundstücken über Dinge, die andere aussortieren, bis zu Sperrmüll-Entdeckungen und Altem aus Omas Nachlass. Ich kann mich riesig darüber freuen.

In der Fastenzeit darf ich dagegen immer wieder entdecken, wie reich doch das Weniger macht. Nicht nur das materielle Weniger, sondern auch das, was sich in meinem Kopf ansammelt, um dort zu nisten, bis ich das Gefühl habe, selbst voller Krempel zu sein. Diese Zeit lädt mich ein, innezuhalten, ein- und auszusortieren und bewusste Entscheidungen zu treffen.

Dabei geht es nicht um einen falschen Zwang.
Kein „Du musst" oder „Du sollst".
Auch nicht um ein geistliches Höher oder Besser.

Es ist eher eine Einladung von dem, der mich am besten kennt.
Eine Einladung zu entdecken, dass weniger manchmal mehr ist.
Ja, dass es das Weniger sogar manchmal braucht,
um wirklich Neues zu entdecken.

Es scheint ein Geheimnis zu sein, wie ER
mehr aus weniger macht.

Er hat mit 2 Fischen und 5 Broten viele Menschen
satt gemacht.
Er hat aus den fiesesten Krankheiten neues Leben geformt.
Er hat denen mehr anvertraut,
die ihm ihr Weniges gegeben haben.
Er hat die verrücktesten Geschichten mit den Kleinen
der Geschichte geschrieben.
Gerade sie hat er oft ausgesucht, um Großes zu bewegen.

Ich bin gespannt, was er aus meinen leeren Händen macht
und wie er sie füllt:

Mit neuer Hoffnung.
Mit Liebe für mich selbst und andere.
Mit Kraft für meinen Alltag.
Mit Mut, die zu sein, die ich bin.
Mit Leichtigkeit in aller spürbaren Schwere.
Und mit einem dankbaren Herzen, das wirklich verstanden hat:
Ich bin genug – ich habe genug.

Gleichzeitig will ich mutig das Zuviel in meinem Leben ansehen
und mir neu überlegen, wovon ich weniger brauche:

weniger Sofa, mehr in der Erde wühlen.
Mehr echter Bodenkontakt.
Weniger kaufen, mehr selbst machen.
Weniger Handy, mehr echte Gesichter.

Weniger schimpfen, mehr umarmen.
Weniger Zeitnot, mehr im Hier und Jetzt.
Weniger reden, mehr zuhören.
Weniger aufräumen, mehr sein lassen.
Mehr weinen und mehr lachen.
Mehr wieder aufstehen.

Weniger „Das haben wir immer schon so gemacht",
mehr ganz neu ausprobieren.
Weniger zaudern, mehr Mut-Schübe
und einfach mal machen.
Weniger der Angst zuhören.
Mehr Rückenwind.
Losgehen, als wäre es bereits ganz sicher, dass ich ankomme.

Mehr Vertrauen in den Meister der guten Pläne.
Mehr Herz ausschütten und einmal mehr neu anfangen.
Mehr seine Worte in mein Herz fallen lassen.
Und dann etwas tun.
Etwas, das mich und andere bewegt.

Besuch von Gott

Stell dir mal vor, Gott würde dich besuchen. Er schickt dir keinen Brief, sondern kommt höchstpersönlich bei dir vorbei. Ganz überraschend, steht er vor deiner Tür mit deinen Lieblingsblumen in der Hand.

Rosen?
Tulpen?
Schneeglöckchen oder Schleierkraut?

Er fragt, ob er kurz reinkommen kann und du sagst:
„Klar, gerne."
Bei Kaffee und Kuchen sitzt ihr am Tisch.
Zuerst bist du ganz angespannt und überlegst, was du jetzt Sinnvolles sagen kannst.
Eigentlich hättest du gerne noch deine wilden Haare sortiert und die Krümel vom Tisch gefegt.
Aber jetzt sitzt ihr da. Mitten im ganz normalen Chaos.
Du beginnst ein paar Belanglosigkeiten zu erzählen. Versuchst, einen guten Eindruck zu erwecken.

Aber Gott stellt gute Fragen.
Fragen, die du gerne beantworten willst:
„Wie geht es dir?"
„Erzähl mir von deinen Sorgenfalten!"
„Sag, was lässt dein Herz schneller schlagen und erzähl mir von deinem Frust!"

Und so purzeln die Buchstaben heraus, die zu Sätzen werden. Die Gedanken, die du schon lange mal aussprechen wolltest. Du hörst auf, darüber nachzudenken, was du preisgeben kannst, weil du spürst, dass jedes Wort bei ihm gut aufgehoben ist.

Du denkst:
„Er versteht.
Ich glaube, er weiß, wie es mir geht.
Er will genau wissen, was ich denke.

Ich muss nichts verstecken, die Augenringe und meine Müdigkeit,
nicht einmal meinen Bauch ziehe ich ein."

Und plötzlich laufen die Tränen.
Die Tasse Kaffee steht neben den vollgeheulten Taschentüchern.
Und als sie leer ist, sind auch die Tränen versiegt.

Irgendwann sitzt ihr beide schweigend am Tisch.
Es ist diese Art von Schweigen, die angenehm ist.
Du fühlst dich so verstanden.
Es ist ein bisschen so, als hättest du Ballast weggeredet
und dein Herz hat wieder Luft und Platz.
Hoffnung zieht ein und ein leises Lächeln fliegt
über dein Gesicht.

„Gott, warum reden wir so wenig",
fragst du.

Er lächelt dich an und sagt:
„Ich bin da, jederzeit gerne wieder."

Neues

Es haut mich jedes Mal wieder völlig um.
Oben verdorrtes Zeug, alte Zweige, braune
ausgediente Pflanzenreste.
Unansehnlich, zerbrechlich, kaputt.
Unten neues Leben.
Grün, kräftig und lebendig.
Noch gänzlich unscheinbar und klein,
aber grün.
Noch in der Erde,
aber bald wird es explodieren.

Der Schöpfer erinnert mich:
Sieh hin, wie ich Neues schaffe.
Erkennst du es?

Das möchte ich auch für mein Leben glauben.
Für andere, die gerade im tiefen Winter stecken.
Für diese Welt im Taumel.
Für die vertrockneten Bereiche.
Für die festgefahrenen Stellen.
Für das scheinbar Leblose.

Aber mir ist auch völlig klar:
Da braucht es gewaltige Schöpferkraft von außen
und die Kraft, die das in mir lebendig macht.
Die Kraft, die mich innerlich belebt und verändert.
Gottes gute Geistkraft wird nicht umsonst
als Wind und Feuer beschrieben.
Eine Kraft, die wirklich Veränderung schafft.
Die mehr kann als das, was in mir und in uns ist.
Mit meinem bisschen positiven Denken komme ich da nicht weiter.
Da helfen keine Binsenweisheiten.

Da braucht es mehr.

Mehr Kraft für Veränderung.
Da braucht es einen Schöpfer.
Mehr Ideen, wie Neues zu schaffen ist.
Und das kann er.
Verschwenderisch mit Farben um sich werfen.
Schönheit aus Asche hervorbringen.
Brote und Fische vermehren.
Lahme bewegen und Füße auf weites Land stellen.
Kleines groß werden lassen und aus wenig genug schaffen.
Und letztlich auch den Tod zu neuem Leben herausrufen.

Hab Hoffnung, meine Seele!

Neues wächst.
Der Schöpfer ist am Werk – immer!

Denn siehe, ich will ein Neues schaffen,
jetzt wächst es auf, erkennt ihr's denn nicht?

Jesaja 43,19

Wachstum braucht Zeit

Manchmal stehe ich vor den Gemüsebeeten im Garten
und feuere die Radieschen an,
ein bisschen schneller zu wachsen. Machen sie aber nicht.
Ich gieße. Ich warte.
Die Sonne strahlt sie an.
Ich warte.
Es regnet.
Und ich warte wieder.
Manchmal frage ich mich, ob ich an ihnen ziehen könnte,
um alles zu beschleunigen.

Und dann kommt es – etwas Grünes, noch kaum zu erkennen,
aber es kommt.
Jubelnd stehen wir am Beet und freuen uns
über dieses Wunder.
Irgendwann ist auch etwas Rotes zu erahnen.
Kaum zu fassen.
Was für ein Fest, diese knubbeligen roten Dinger dann endlich
aus dem Boden ziehen zu können.

Wie ungeduldig ich oft doch bin.

Auch im echten Leben braucht Gutes seine Zeit.
Zum Wachsen gehört manchmal auch scheinbarer
Stillstand dazu.
Der Moment, in dem etwas verborgen in die Tiefe wächst.
Vielleicht sieht es niemand.
Und doch entsteht da etwas, das für später
große Bedeutung hat.

Wie sehr ich doch auf das Sichtbare fokussiert bin
und Erfolge ernten möchte.
Wie unentspannt ich oft auf mein Lebensbeet blicke und so gerne
Veränderung aus dem Boden ziehen würde.

Und so höre ich gerne der Predigt meines Schöpfers
im Garten zu.
Er sagt so oft:
„Warte!
Hab Geduld, mit dir und anderen.

Vertraue darauf, dass dort etwas wächst.

Lass Tiefgang zu und halte aus, dass etwas da ist,
das du nicht sofort siehst.
Stillstand ist gar nicht so schlecht wie du denkst.

Säe mutig Neues!

Warte!
Sorge für gute Wachstumsbedingungen und halte
dein Gesicht in die Sonne.
Auch der Regen bewirkt Gutes.
Kein Wachstum ohne Tränen."

Letztlich ist die Frucht das Wunder, das wir nicht
erzwingen können.
Wir dürfen staunend und dankbar darauf zurückschauen,
was da alles gewachsen ist.
Sogar in den dunkelsten Stunden.

Glauben und hoffen

Wenn alles gut läuft, ist es so leicht.
Glauben und Hoffen im Angesicht von Schmerz, Krieg, Tod und Leid ist dagegen alles andere als einfach.
Und doch ist es ein Kennzeichen derer, die sich nicht nur auf ihre eigenen Möglichkeiten verlassen, sondern auf den, der stärker ist als alles, was diese Welt jemals in die Knie gezwungen hat.
Es ist beeindruckend, dass seine Jünger, gerade wenn es eng wurde, zu Leuchtfeuern wurden durch die ganze Geschichte der Menschheit hindurch.

Für mich ist das nur so zu erklären, dass sie sich mit Leib und Seele und ihrem ganzen Leben an ihren Herrn gehängt haben.
Dass sie alles, alles, aber auch wirklich alles von ihm erwartet haben.
Und dass sie nicht zu stolz waren, ihm ihre leeren Hände hinzuhalten, weil sie wussten, dass es bei ihm Versorgung für jeden einzelnen Tag geben wird.

Es waren keine Helden.
Ganz normale Menschen wie du und ich.
Auch ihnen schlotterten die Knie.
Aber sie wussten, zu wem sie gehörten.
Angst und Zweifel waren ihnen nicht fremd.

Lass dich nicht verschrecken von Zeiten wie diesen.
Bleib nicht allein mit Angst und Sorge.
Mach dich und dein Leben fest an dem Felsen,
der allen Stürmen der Zeiten getrotzt hat.
Er hat etwas mit dir vor.
Seine Gedanken über dich sind voller Hoffnung und Zukunft.
Hör ihm zu.
Er ist da.
In allem.

Es ist aber der Glaube eine feste Zuversicht dessen,
was man hofft, und ein
Nichtzweifeln an dem, was man nicht sieht.

Hebräer 11,1

Guter Hoffnung sein

Kann man in diesen Tagen wirklich guter Hoffnung sein? „Ganz schön mutig, noch ein Kind in diese Welt zu setzen", sagt die Arzthelferin, die mir Blut abnimmt, als ich mit meinem hochschwangeren Bauch die Praxis betrete.

Ihre Frage beschäftigt mich. Ist es doch mein zweites Kind, das ich während der Pandemie zur Welt bringen werde. In der Ukraine tobt ein Krieg. Wir leben hier wie im Hochsicherheitstrakt, um uns vor einem Virus zu schützen.

Was wird morgen sein?
Kann man an eine Welt glauben, die für uns
und unsere Kinder lebenswert ist?
Kann man angesichts des Leids in aller Welt hoffen,
glauben und lieben?

Es tut mir so gut, Biografien zu lesen. Die Bibel zu lesen. Von Menschen, die schon ganz andere Zeiten durchlebt haben. In diesen Geschichten entdecke ich Wunder in Kriegszeiten, Gottes Nähe in Krankheitsmomenten, Segen auf dem Weg, ungeahnte Kräfte, schwere Pfade zu beschreiten und Hoffnung an dunklen Orten. Es wirkt auf mich, als wären diese Menschen für genau diese Zeit, in der sie lebten, gemacht gewesen. Aber ich lese ihre Geschichte ja auch vom Ende her. Ich stecke noch mitten drin in meiner Geschichte mit Höhen und Tiefen. Aber ist es dann nicht vielleicht auch so, dass ich für eine Zeit wie diese gemacht wurde? Dass Gott, als er mich schuf, bereits wusste, dass ich in einer sehr herausfordernden Zeit mit großen Fragen der Menschheit leben würde? Dass es in meiner Lebenszeit Kriege und schreckliche Pandemien geben wird? Dieser Gedanke ermutigt mich.

Es war durch alle Zeiten hindurch
Kennzeichen der Jüngerinnen und Jünger Jesu,
dass sie Hoffnungsträger waren.

Jesus hat sie bei seiner Himmelfahrt nicht einfach
mit in den Himmel genommen.

Er hat ihnen nicht versprochen, dass es leicht wird.
Er hat sie nicht verklärt oder verzaubert.
Und nein, seine Nachfolger waren keine besseren Menschen.
Er hat sie zu Menschen gemacht, die wie er diese Welt und seine
Menschen liebten.
Die Apfelbäume pflanzten und an ein Morgen glaubten.
Die glaubten, auch wenn sie nicht sahen.
Die vertrauten auch im größten Sturm.
Die die Kraft der Gemeinschaft dem Egoismus entgegensetzten.

Mich beeindrucken diese Berichte von Menschen,
die anpackten, die Schutt und Asche nicht scheuten.
Die fremde Katastrophen zu ihren eigenen
gemacht haben.
Sie haben gebetet und gehofft, dass dieses Gebet
nicht an der Decke hängen bleibt.
Sie litten mit, teilten, liebten, manche sogar bis in den Tod.
Sie trotzten mutig dem Bösen und stellten sich ihm entgegen.
All das taten sie nicht, weil sie bessere Menschen waren.
Es muss die Kraft Jesu in ihnen gewesen sein.

Diese Kraft bewegt ganz normale Menschen
wie dich und mich bis heute
und lässt uns mutig glauben und handeln.
Lässt uns an ein gutes Heute und Morgen glauben.
Lässt uns Dinge wagen, für die wir vielleicht belächelt werden
und die wir trotzdem tun.
Lässt uns aufstehen, wenn alle sitzen bleiben.
Erfüllt uns mit Mut und heiliger Unzufriedenheit, die in der Lage ist,
Menschen zu bewegen.
Diese Kraft lässt Menschen über sich hinauswachsen,
aber auch den ganz normalen Alltagswahnsinn bestehen.

Kann man in diesen Zeiten guter Hoffnung sein?
Wirklich?
Ja! Mit dem an der Seite, der die Hoffnung ist.
Er ist Hoffnung!

Ein Sonntag, der nach Apfelkuchen und Heimat riecht

Sonntag ist der Tag der Vergewisserung.
Dass mein Leben gewollt ist.
Vom Schöpfer höchstpersönlich gemacht.
Dass ich geliebt bin ohne Wenn und Aber.
Dass ich gehalten bin, gesehen und wirklich verstanden.
Dass es Auferstehungskraft gibt, die alle Grenzen sprengt.
Hoffnung auf ein Morgen dieser Welt.

Sonntag ist der Tag des Durchatmens.

Ein Tag, an dem ich eingeladen bin,
mein Herz wieder in den Takt dessen zu bringen,
der mich am besten kennt.

Er lädt mich ein, da zu sein.
Als die, die ich bin.
Mein Sonntagskleid interessiert ihn nicht.
Mein Herz und meine ehrlichen Gedanken schon.

Er füllt leere Hände.
Singt mir die Melodie meines Herzens vor.
Wärmt wie die warme Kaffeetasse.
Macht es hell wie die Kerze am Tisch.

Verändert die Atmosphäre wie ein duftender Apfelkuchen.

Denn so riecht Heimat.

Ja, wo er ist, ist es schön, selbst im Chaos.

Sein Rufen ist oft leise.
Aber deutlich zu hören für den,
der sich Zeit nimmt fürs Anhalten und Ausruhen
und fürs Pause machen und Stillsein.

So oft gehe ich leise summend weiter.
Wie nach einer Mut machenden Umarmung.

Was wären wir ohne den Sonntag?

Alltagsschatz

Lass mich nie aufhören, das Alltägliche zu schätzen.
Dankbar zu sein für die Tage des Lebens
ohne Ausnahmezustand und Katastrophen.
Lass mich eine Schätze-Finderin sein, die im Staub des Alltags
Kostbares entdeckt.
Lass mein Herz nicht neidvoll zu denen blicken,
die es scheinbar so viel besser haben als ich.
Lehre mich den dankbaren Blick auf mein Leben.
Lass mich erkennen, wie reich ich bin, und lass mich immer mehr
geben, teilen und gönnen.
Lass mein Herz nicht aufhören zu schlagen für die Not anderer.
Und schenke mir gleichzeitig die Weisheit,
meine eigenen Kräfte gut einzuschätzen.
Lass deinen liebevollen Blick auf mir ruhen,
der mich zu der macht, die du schufst.
Führe meine Begrenzungen in deine Weite.
Lehre mich das Vertrauen in kleine Schritte
und deine Begleitung.
Gib mir den langen Atem, wenn mir die Puste
auf der weiten Reise ausgeht.
Gib mir ein weiches Herz, das immer wieder vergibt
und neu anfängt.
Viel mehr braucht es nicht.
Amen.

TOO
BLESSED
TO BE
STRESSED

Das beste Geschenk

Das Beste, das wir einander schenken können, ist Segen.

Uns gegenseitig in Gottes Hände legen.
Gutes übereinander aussprechen.
Aussprechen, was wir hoffen und glauben.
Und uns das selbst und anderen wieder in Herz und Seele rufen.
Segen ist Nähe Gottes.
Sein Ja über uns.
Sein Mitgehen, Mitfühlen.
Sein Erbarmen, sein großes Herz für uns.

Lasst uns damit verschwenderisch umgehen.
Segen wie Regen verteilen in dem Wissen,
dass wir nur Weitergebende sind.
Es kommt nicht auf unsere Worte an.
Nicht auf den Ort und wie viel Glauben in uns ist.

Gott ist der, der gibt, füllt, beschenkt und segnet.
Wir sind die, die weiterschenken.

Lasst uns unsere manchmal mutlosen Kinder segnen.
Lasst uns unsere Männer und Frauen segnen,
wenn sie das Haus verlassen.
Lasst uns Ärzt*innen und Lehrer*innen segnen. Gutes aussprechen
über Erzieher*innen und Bürgermeister*innen.
Segnen am Krankenbett und im Supermarkt, vor einer Geburt
und in einem neuen Haus.
Lasst uns doch mal die segnen, die es nicht gut
mit uns meinen, die, die uns herausfordern oder
das Leben schwer machen.

Es sind nicht die großen Gesten.
Es sind einfache, vielleicht unscheinbare Worte.
Manchmal laut und manchmal leise.

Es wird die Atmosphäre verändern.
Es wird unsere Gemeinschaft prägen.
Es wird uns selbst mit neuer Hoffnung erfüllen.
Und ich weiß, es klingt vielleicht unwirklich, aber es wird
unsere Welt verändern.
Gott wird unsere Welt verändern!

Von einer Amsel und dem Vertrauen

Schon seit Längerem habe ich einen Gast auf der Terrasse.
Eine dicke, wundervolle Amsel.
Es ist ein bisschen so, als würde sie mit mir Kontakt
aufnehmen wollen.
Sie hüpft jeden Morgen flatternd hin und her und pickt
dankbar unsere liegen gebliebenen Krümel auf.

Wir haben schon den einen oder anderen Kaffee zusammen getrunken und unser Gesicht in die Sonne gehalten. Sie blieb. Hatte keine Angst.

Es ist ein bisschen so, als würden wir zusammen auf den Frühling warten. So tröstlich, dass sie da ist und mir etwas vom Morgen zwitschert. Mir sagt, dass der Winter vorbei ist. Dass neues Leben wartet.

Sie erinnert mich an einen meiner Lieblingsverse aus der Bibel, in dem Jesus sagt: „Schaut euch die Vögel am Himmel an. Sie säen nicht, sie ernten nicht. Und euer Vater im Himmel versorgt sie doch. Und ihr, seid ihr nicht viel mehr als sie?"

Ach, ich liebe die Bilder, die Jesus verwendet.

Redet er doch heute oft genauso zu mir.

Vielleicht klingt das verrückt, aber ich glaube, er redet durch Amseln,
durch Sonnenaufgänge und durch Tränen. Er redet im Garten,
im Wartezimmer beim Arzt, beim Einkaufen und beim Lieblingsdöner.
Er redet durch die ganz alltäglichen Dinge, die wir sehen.
Er lässt sich nicht einsperren in sakrale Räume, Kirchen oder
Kapellen. Er ist da, wo wir sind.

Leise höre ich seine Stimme zwischen Vogelgezwitscher
und Alltagsgeräuschen:

„Ich werde dich versorgen.
Ich weiß, was du brauchst.

Schenk mir dein zaghaftes Vertrauen.

Du brauchst nicht sammeln und bunkern.
Ich versorge dich jeden Tag wieder neu mit dem, was nötig ist.
Du bist so viel mehr wert, als du denkst.
In meinen Augen kostbar.
Ich lass dich nicht aus den Augen.
Vertrau mir."

Und während die lustige Amsel über meine Terrasse hüpft,
sage ich leise:

Ja, ich will vertrauen!

Wurzeln

Es ist unfassbar.
Der Löwenzahn wurzelt durch Steine und Beton.
Unscheinbar seine kleinen grünen Blätter.
Kraftvoll und tief seine Wurzeln.
Er trotzt sogar dem, der ihn ausreißen will.
Wächst einfach wieder neu. Immer und immer wieder.

Unseren Kindern wollen wir Wurzeln und Flügel verleihen.

Was heißt das eigentlich?
Was lässt Menschen wurzeln?
Wirklich in die Tiefe wachsen?
Was lässt sie in das Innen investieren?

Und wie lernen sie den heilsamen Blick in die Tiefe
und nicht nur auf das Äußere?

Was lässt sie trotzen, wenn der Sturm kommt
oder wenn sie erleben müssen, dass jemand versucht,
Lebenswurzeln auszureißen?

Ich glaube, es ist das Geliebtsein.
Das Dazugehören.
Ich glaube, wir brauchen Menschen,
an denen wir sehen können,
wie man Tiefen überwindet und Schätze im Chaos finden kann.
Orte, die so viel Sicherheit geben, dass wir wachsen können.

Von unseren Omas haben wir gelernt, wie man das, was fehlt,
einfach mit etwas anderem ersetzt.
Mangel bedeutet nicht „geht nicht", sondern
„wir finden einen Weg".
Einen anderen und der wird genauso gut oder besser sein.

Von den eigenen Eltern speichern wir unbewusst ab,
wie sie miteinander umgehen.
Wie sie Gefühle ausdrücken und Probleme lösen.

Wurzeln kann, wer gute Vorbilder hat.
Ehrliche, authentische.
Keine unfehlbar perfekten.
Vorbilder, die zeigen, wie Leben geht, die aber dann auch Raum lassen, eigene Erfahrungen zu machen.

Letztlich sind es Erfahrungen im geschützten Raum,
die das Vertrauen stärken, etwas zu schaffen und dann mutig tiefer zu wachsen.

So verstehe ich auch Gott.
Der, der mich am besten kennt, gibt mir einen geschützten Raum.

Dort darf ich sein.

Hier bin ich gewollt und angenommen.

Darf auftanken.

Und dann schickt er mich ins Leben, räumt nicht einfach jedes Hindernis aus dem Weg.
Er traut mir auch etwas zu.
Lässt mich Erfahrungen machen, ohne mit dem erhobenen Zeigefinger an der Tür zu stehen.
Aber wartend mit offenen Armen, wann immer ich komme und erzähle.

Von den Siegen und von den Niederlagen.
Von Gefundenem und Verlorenem.
Von Enttäuschungen und Ermutigungen.

Er hört zu.
Fragt nach.
Und ermutigt mich, weiter tiefer zu wurzeln.
Unabhängig von den Umständen.
Manchmal auch durch Beton.

Freut sich über meine gefundenen Schätze.
Gibt mir neue Kraft.
Und flüstert dann leise:

„Und jetzt geh und wurzle weiter!"

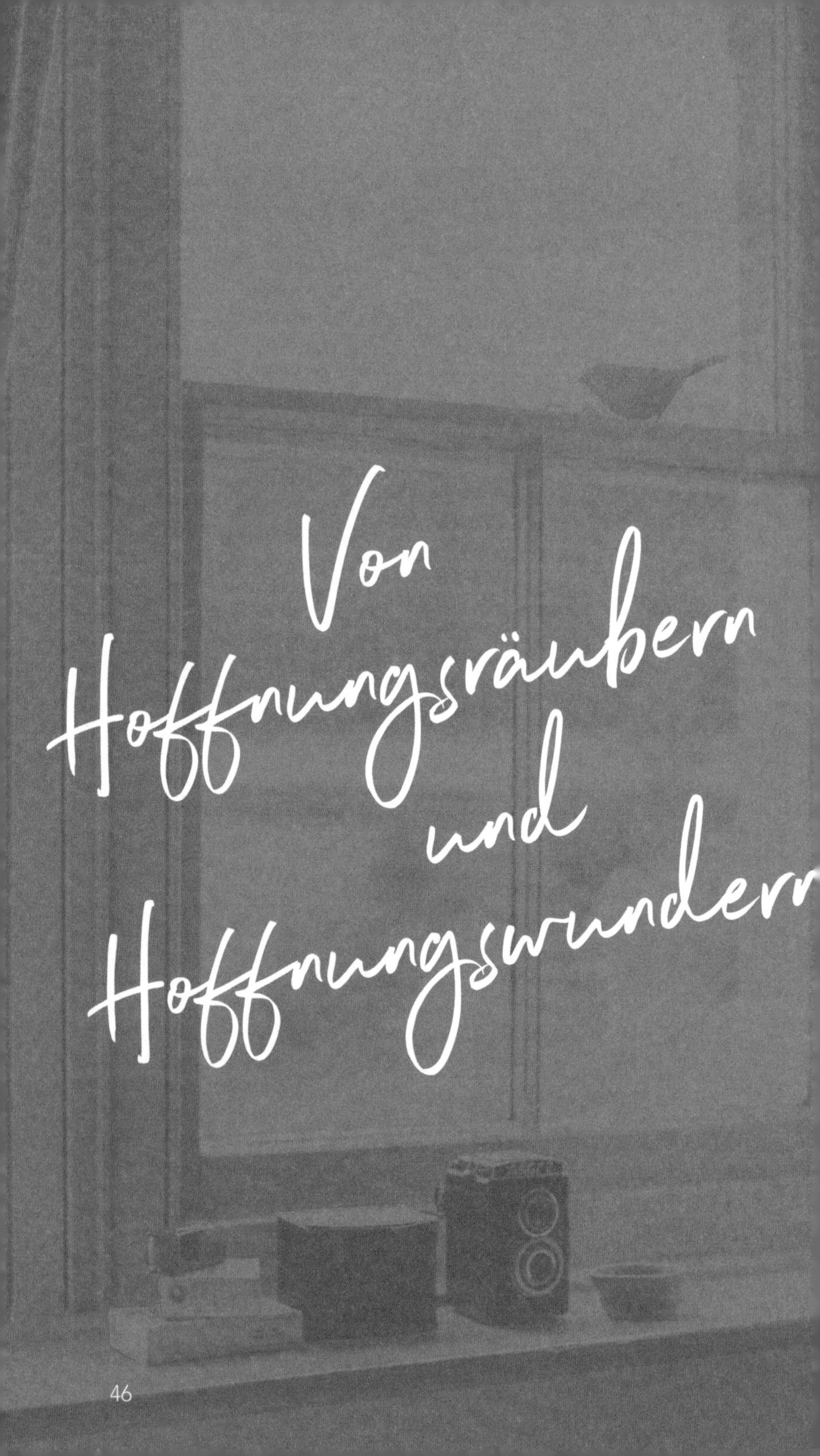

Von Hoffnungsräubern und Hoffnungswundern

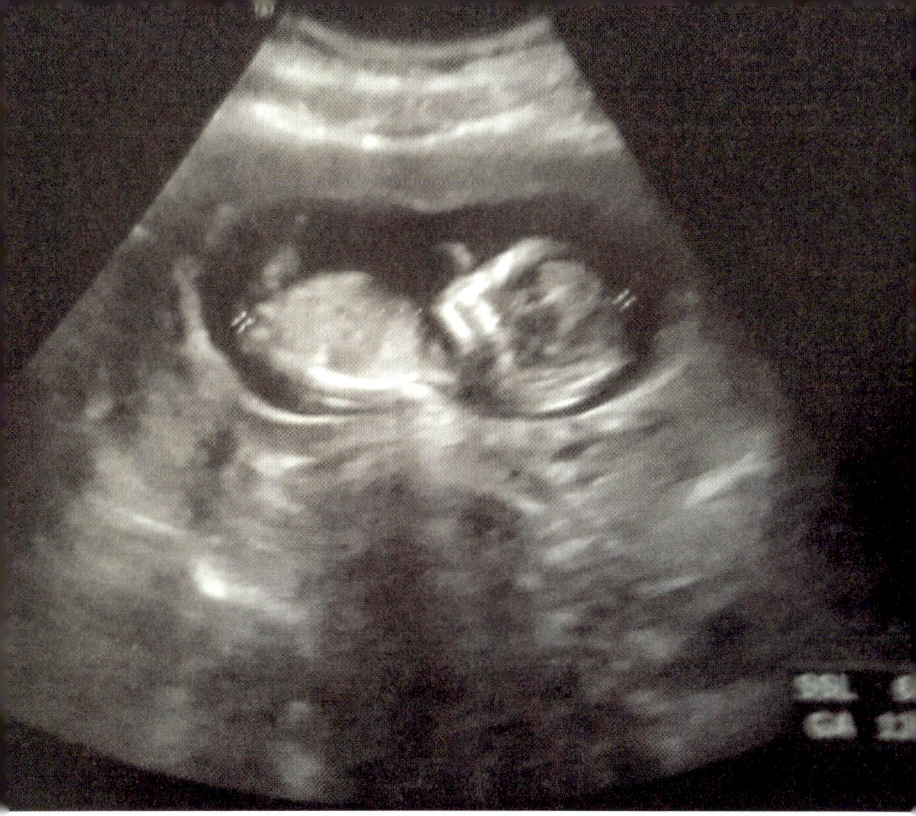

Wunden und Wunder

Vor fünf Jahren lag ich hochschwanger im Krankenhaus und bekam folgenden Satz gesagt: „Wir haben da etwas in ihrem Bauch gefunden. Wir wissen nicht genau, was es ist. Es könnte Krebs sein. Das Kind muss sofort geholt werden. Wir wissen nicht genau, wie die OP verlaufen wird."

Worte, die ich mein Leben lang nicht vergessen werde.

Die Schwangerschaft war geprägt von heftigen Schmerzen. Niemand hat herausbekommen, woher sie kamen. Klar war nur, dass da ist ein großes „Ding" in mir gewachsen war, das auf alles drückte und in der Gefahr war, zu platzen.

Noch nie zuvor war mein Leben derart in Gefahr.

Ich wusste nicht, ob ich überleben würde. Auch nicht, ob wir mit einem lebendigen Baby nach Hause kommen würden.

Es sind diese Momente, in denen alles ganz unwirklich wird.
Alle Geräusche klingen anders. Alles wird ganz dumpf.
Ich hatte Schmerzen.
Musste liegen.
Kam mir vor wie in einem falschen Film, in dem ich nicht
die Hauptrolle spielen wollte.

In diesem Augenblick haben mich Sätze getragen,
die ich nicht vorbereitet oder gesucht habe.
Sie waren da.

Und wanderte ich im finsteren Tal, so fürchte ich mich nicht.
Denn du bist bei mir.
Dein Stecken und Stab trösten mich.
Du bereitest vor mir einen Tisch im Angesicht meiner Feinde.

Ich habe in dieser Woche meines Lebens den freien Fall erlebt.
Gleichzeitig breitete sich Ruhe aus, die nicht zu mir „Panikhuhn" passte.
Da war Gottes Friede.
Da war eine Hand, die spürbar da war in den langen Nächten, in denen sich die Gedanken um mich und meine kleine Familie drehten. Die Nächte waren gruselig lang und der Ausgang der Geschichte alles andere als klar. Die Unsicherheit der Ärzte, die mir auswichen, kostete mich alles.
Ich habe viele Tränen in mein weißes steriles Krankenhauskopfkissen geweint.
Und gleichzeitig geschah etwas in meinem Inneren. Etwas, das mich zur Ruhe kommen ließ.

Als mein Baby zum ersten Mal laut und kräftig schrie, weinten wir vor Freude. Und als sich herausstellte, dass dieses „Ding" in mir nicht bösartig war, wünschte ich mir, diesen Moment konservieren zu können.
Ich dachte, jetzt wird es nichts mehr geben, das mich erschüttern kann.
Auch nichts, das mein Vertrauen in Gott jemals wieder ins Wackeln bringen könnte.
Ich war wie im Freudentaumel, trotz Schmerzen.

Seitdem geht die Reise weiter. Mit einem ganz besonderen Jungen,
der manches aufholen muss.
Wir lieben ihn so sehr.
An seinem fünften Geburtstag heute erinnere ich mich
an die Güte Gottes.
An seinen Schutz und dass er tatsächlich da ist im Todestal.
Diese Grenze gespürt zu haben, erfüllt mich bis heute
mit Ehrfurcht.

Ich weiß aber auch, dass dieses Erlebnis nicht
für die Ewigkeit reicht.
Dass ich Gottes Nähe und sein Eingreifen jeden Tag wieder
aufs Neue brauche.

Er ist gut.
Er trägt im tiefen Tal. Ich muss keine Angst
vor dem Ende des Lebens haben.

Er verhindert nicht immer Schlimmes.
Aber er ist da, wenn keiner mehr da ist.

Mit ihm an seiner Seite werden wir auch durch die größten
Tiefen des Lebens kommen.

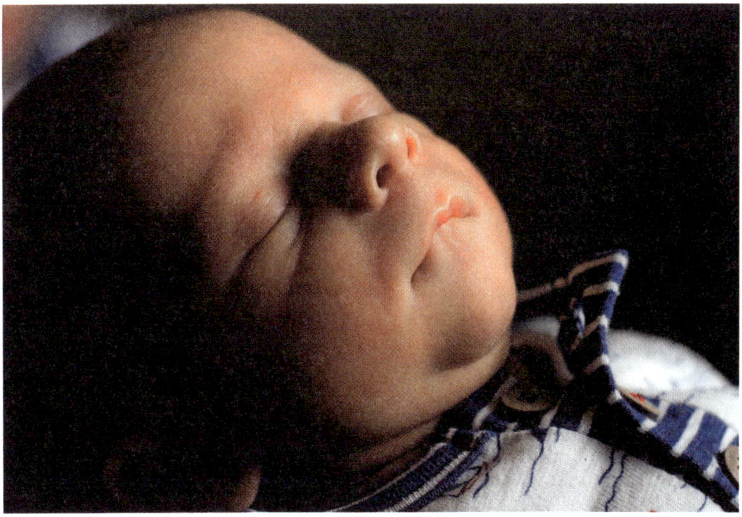

Gegensätze

Ja, ich weiß, manchmal sind die Gegensätze des Lebens
kaum auszuhalten.
Da erzähle ich von einem Wunder bei der Geburt.
Mutter und Kind haben überlebt.

Aber gleichzeitig sind wir aufs Tiefste erschüttert von Geburten,
die mit einer Beerdigung enden. Von Katastrophen,
die manchmal wie Bomben in unserem Leben einschlagen und uns
in Scherben stehend zurücklassen.
Gebrochene Leben – nie wiederbringbar.

Da stehen wir in Schockstarre am Grab und können kaum atmen
vor lauter Schmerz.

Hier feiern wir das Leben, dort hält ein Vater nach dem Erdbeben
die Hand seines geliebten toten Kindes.
Da erleben wir Gebetserhörungen und rufen auf der anderen Seite:
Gott, wo bist du? Erbarme dich!

Warum bleibt so oft das Wunder aus?

Und warum sehen wir Veränderungen so oft nur bruchstückhaft?

Weißt du, auch ich habe viele offene Fragen und es fällt mir
sehr schwer, in dieser Spannung zu leben.

*Diese Gleichzeitigkeit von Wundern und unerhörten
Gebeten ist manchmal kaum auszuhalten für mich.*

Ich glaube, es ist wichtig, dass wir über Wunder reden.
Und es ist genauso wichtig, dass wir mitweinen,
mitschweigen, mitklagen.
Und auch, dass wir nicht die falschen Schlüsse aus Wunden
und Wundern ziehen.

Neben all dem, was ich nicht weiß,
glaube ich doch eines ganz sicher:
Es gibt einen guten Gott, der liebt.
Er liebt nicht mal mehr und dann wieder weniger.
Er hat keine Lieblingskinder.
Er segnet nicht mehr oder weniger.
Er urteilt nicht danach, wie viel wir glauben.
Du hast nichts falsch gemacht, wenn du erleben musstest, dass dein Gebet nicht erhört wurde.
Du wirst nicht weniger von ihm geliebt, wenn das Wunder ausgeblieben ist.
Das wirklich im Herzen zu begreifen und zu verstehen,
ist unendlich schwer.

Er gibt.
Er liebt.
Er ist da.
Im Segen und im Mangel.
Im Leben und im Tod.
Er weint mit.
Kennt selbst Ohnmacht und Gottesferne.
Ich weiß, da sind noch so viele Unklarheiten.
Aber ich will vertrauen.
Und mitweinen.
Mich mitfreuen und mitjubeln.
Ich will für Wunder beten und gleichzeitig da sein,
wenn die Wunder ausbleiben.
Ich will das „schon jetzt" und „noch nicht" aushalten.
Ich will vor Schwerem nicht weglaufen.
Und ich wünsche mir so sehr, dass wir einander tragen,
ermutigen auf den Festplätzen und den Friedhöfen unseres Lebens.
Ich möchte eine Freundin sein wie die Freunde von Hiob,
die mit ihrem Freund am Boden der Tatsachen saßen.
Schweigend, aber nah.

Wir sind nicht die, die immer die richtigen Antworten parat haben.
Aber wir wollen die sein, die umarmen, lieben, weinen,
hoffen und da sind.
Bis wir eines Tages nur noch feiern werden, tanzen und jubeln
und all jene wieder treffen, die wir so vermissen.

Ich hoffe so oft, dass ich dann eines Tages meine Fragen stellen kann
und Antworten bekomme.

Eine Mama, die ihr eigenes Kind beerdigen musste, sagte:
„Weißt du, ich glaube, wir werden keine Fragen mehr haben
und auch keine Antworten brauchen. Es wird einfach alles gut sein."
Das glaube und hoffe ich.

Schlechte Nachrichten

Die letzten Tage waren geprägt von schlechten Nachrichten und Katastrophen, von massiven Zerbrüchen nah und fern. Manchmal bin ich innerlich in Schockstarre und kann die Bilder, die Not und das Leid dieser Welt nicht aushalten. Es bebt im Außen und im Innen. Manchmal mag ich nicht mal mehr schreiben, obwohl ich das so liebe.

Und dann bricht dieser Dennoch-Trotz hervor.

Das wütende Aufstampfen, das den Tatendrang weckt.
Die heilige Unzufriedenheit, die in der Lage ist, viel zu bewegen.
Und heute kommt die Sonne hervor, die alles belebt und
in ein warmes Licht taucht.
Ich halte mein Gesicht in Richtung ihrer Strahlen.
Und der, der mich gemacht hat, redet mit mir.
Wie er es so oft tut.
Leise, in Bildern, beim Kitzeln der Sonnenstrahlen auf meiner Nase:

Du bist gemacht für eine Zeit wie diese.
Da ist ein Weg.
Da ist Hoffnung.
Ja, da sind auch Leid und Schmerz, die es auszuhalten gilt.
Da ist aber auch Liebe, Solidarität, Zusammenhalt
der großen Familie Gottes.
Da werden Tränen getrocknet, gemeinsam Scherben gefegt
und neue Wände gestrichen.
Da gibt es Wunder und Neuanfänge. Blumenkästen mit Geranien
und schönstes Vogelgezwitscher.
Rückenwind, der Menschen befähigt, Übernatürliches zu leisten.
Da klopft die Hoffnung an.
Sie lässt mich weitergehen.
Weiterglauben.
Weiterhoffen.
Vertrauen, dass der, der Trotzkraft wirkt,
auch Mut für Schritte geben wird,
die das Hier und Jetzt und das Morgen verändern.

Land unter

Der Fluss in meinem Dorf ist über die Ufer getreten.
Alles Land unter. Wiesen voller Wasser. Autos stecken geblieben.
Straßen unpassierbar. Nichts geht mehr.
Die Natur hat Kraft, uns wirklich zu bedrohen.

Ich muss daran denken, dass es solche Überschwemmungen
auch im Leben gibt.
Nicht wortwörtlich wie bei einer tatsächlichen Flut.
Aber es gibt sie.
Die Momente, in denen die Dämme brechen.
Das Fass überläuft und einfach mal alles rauskommt,
was sich angestaut hat.
Tränen.
Sorgen.
Fragen und Enttäuschungen.
Aufgestaute Emotionen.

Und dann stehe ich da, mit nassen Füßen oder in Gummistiefeln.
Meine Seele ist völlig lahmgelegt und ich komme nicht vom Fleck.
So oft will ich dann ganz schnell „das Wasser",
die Probleme, wegschaufeln, Antworten finden und irgendetwas
Sinnvolles daraus machen.

Aber Land unter ist einfach Land unter.
Vielleicht geht es dann gar nicht um schnellen Aktionismus.
Anders, wenn die echten Wasserfluten kommen.
Vielleicht müssen wir dann manchmal anhalten, aushalten,
durchatmen, abwarten.
Im Wasser stehen und vertrauen, dass es sich wieder
zurückziehen wird.
So plötzlich, wie es gekommen ist.
Vertrauen, dass alles seine Zeit hat.
Und dann neue Wege finden.
Im Rückblick entdecke ich oft, dass auch etwas Heiliges in solchen
Überschwemmungen zu finden ist.

Dass Wege anders weitergegangen werden.
Trotziger, bewusster und mit festeren Schritten.
Dass Herzen wieder mutig schlagen.
Leben wieder lebendiger gelebt wird, weil wir wissen,
wie kostbar es ist.
Wir erleben, dass Schönheit aus Asche entsteht.
Wir wachsen über uns hinaus und hätten gar nicht geglaubt,
dass wir das schaffen würden.
Ja, dass auch nach einer Überschwemmung das Leben wieder blüht
und sich einen neuen Weg sucht.

Kraftvoll.
Befreit.
Erneuert.
Und dass wir im Rückblick dann entdecken:
Wir standen nicht allein im Wasser.
Wir wurden durchgetragen.

Segen im Mangel

Segen ist manchmal gerade da zu finden,
wo wir ihn nicht vermuten:
im Mangel.
Im Zerbruch.
In den Scherbenhäufen unserer Biografie.
In den Fragen und Herausforderungen des Lebens.

Es ist ein Geheimnis, das ich genau dort entdecke,
wo Glanz und Schimmer nicht mehr vorhanden sind.
In Momenten, in denen Gewohntes wegbricht,
dürfen wir plötzlich sehen, was trägt.
Am Grab eines geliebten Menschen stellt sich heraus, wer jetzt hält.
Und was bleibt.
Im Chaos des Lebens werden wir feststellen, ob es einen
Fixpunkt gibt, der Ruhe einkehren lässt.

Was genau ist Segen?
Ich beschreibe es so:
Segen ist Gottes Nähe.
Seine Gegenwart im Jetzt.
Seine Hand auf mir.
Sein Reden in mein Herz.
Segen ist die Erkenntnis, dass er alles hat, was ich brauche.
Segen ist, ihn im Alltag zu finden, im Staub, in den Bruchstücken
und Unfertigkeiten.
Segen ist die Hoffnung, dass da jemand größer ist als der Tod.
Größer als mein Versagen und mein Scheitern.
Größer als alles, was ich jemals schaffen kann.
Segen hat so wenig mit Äußerlichkeiten zu tun, mit Reichtum,
Macht und Geld.
Segen ist nicht die Abwesenheit von Leid und Schmerz.
Lass dir das von nichts und niemandem erzählen.

Gesegnet der Mensch, der in größter Armut noch weiß,
wie reich er ist.
Gesegnet, wer am Boden der Tatsachen anfängt, Gott zu suchen.

Gesegnet, wer Gott seinen Mangel vor die Füße legt.

Sein volles Herz einfach bei ihm ausleert mit allem, was darin ist,
und vertraut, dass all das bei ihm gut aufgehoben ist.

Sei gesegnet!

Da, wo du jetzt stehst.
Rechne mit Veränderung.
Halte dein Gesicht dem entgegen, der dich kennt.

Sei gesegnet!
Denn seine Nähe ist alles, was wir brauchen.

Harte Nuss

Es gibt diese harten Nüsse ...
Situationen im Leben, an denen ich mir die Zähne ausbeiße.
Die schweren Geburten, die sich so endlos anfühlen.
Da bricht nichts auf.
Da bewegt sich nichts.
Und dann denke ich ans Aufgeben, weil die Schale so hart ist
und es noch nicht einmal knackt.
Die Kräfte schwinden und die Entmutigung macht sich breit.
Ich vergesse, dass innen etwas Wundervolles wartet,
um das es sich zu kämpfen lohnt.
Eine veränderte Situation.

Ein neuer Anfang.

Ein Wunder.
Eine Sehnsucht.
Ein Schatz, den es zu heben gilt.
Der Durchbruch in einer Beziehung, die Lösung eines Problems.
Der Aufbruch einer Gemeinschaft und der Neuanfang
einer ausweglos erscheinenden Situation.

Die Kraft dranzubleiben an harten Nüssen.
Die Hoffnung, dass Gott Wunder tut.
Das Erleben, dass harte Schalen brechen und Schätze
geborgen werden.

Das wünsche ich dir!

Komm zur Ruhe

Das Leben pulsiert
wie ein fahrender Zug.
Mit häufig schnell wechselnder Landschaft.
Begegnungen.
Menschen.
Meinungen und Informationen.
Viele Bilder.
Viele Eindrücke.
Gesichter, Stimmen, Gerüche und Geräusche.

So vieles strömt auf mich ein.
Wirkt auf mich.
Nistet in Kopf und Herz.
Benötigt meine Aufmerksamkeit, meine Reaktion, mein Handeln,
meine Ich zumindest.

Volles Herz.
Kopf gefüllt mit Worten.
Bewegte Seele.
Schnell pochendes Herz.
Höher, weiter, mehr und alles durcheinander.

Leise tippst du mir auf die Schulter und flüsterst in mein Ohr:
Komm zur Ruhe.
Komm!
Jetzt und Hier.
Da ist ein Platz für dich.
Und ich bin auch da.
Lass uns reden.
Zusammen ausruhen.

Aber da ist noch so viel zu erledigen – sage ich hektisch:
unaufgeräumte Zimmer, getürmte Wäsche und schmutziges Geschirr,
Da sind noch die Fragen und die nicht enden wollende To-Do-Liste
Da ist noch die unbeantwortete Sprachnachricht
und der Stapel Papier,
der auf mich wartet.
Da ist so viel Not – da muss doch mal jemand was tun,
und die Sorgen von Morgen warten auch schon.

Freundlich siehst du mich an,
legst deine Hand auf meine Schulter und sagst:
„Das kann alles warten.
Das ist so lange bei mir gut aufgehoben.
Komm!"

Es ist der beste Ort.
Der Ort, an dem Herz und Seele wieder lebendig werden.
Hier fällt der Stress ab wie ein zu schwerer Sack.
Genauso wie meine Selbstüberschätzung.
Ich steige aus dem sich immer drehenden Hamsterrad und bleibe einfach stehen.
Neuer Lebensatem bewegt mich.
Es ist der Ort, an dem ich wie an keinem anderen
zur Ruhe kommen darf.

Ich werde wirklich gesehen und verstanden.

Und ich verstehe wieder neu, wer ich eigentlich bin.
Geliebte.
Gesehene.
Mensch mit Würde und Schönheit.

Das neu zu verstehen, richtet mich auf.
Ich laufe aufrechter weiter.
Eigentlich weiß ich das.
Und doch bin ich vergesslich.
Lebe davon, jeden Tag wieder neu von dir eingeladen zu werden.
Und das tust du.
Danke dafür!

Sonntag – Sein – Tag

Gott geht es nicht um Vorschriften, wie wir diesen Tag
zu verbringen haben.

Es geht nicht um sollen, sondern um sein.

Der Sonntag ist ein Geschenk.
Ein Geschenk des neuen Luftholens, bevor der Alltag wieder klopft.
Der Sonntag ist die Vergewisserung, dass wir Geliebte sind
ohne Wenn und Aber.
Der Sonntag ist das liebevolle Streichen Gottes über unsere Wange.
Sein Blick sucht unseren.

Es geht nicht darum, etwas richtig zu machen.
Es geht nicht um Pflicht.
Es geht nicht um falsch verstandene Regeln, die dir vielleicht beigebracht wurden.

Es geht um Beziehung.
Sich mit dem zu verbinden, der mich gemacht hat.
Das Herz wieder füllen lassen mit dem, was es braucht.
Anerkennen, dass ich nicht die Welt retten kann, sondern dass er es schon lange getan hat.
Schönes suchen.
Gute Worte hören und sprechen.

Ich weiß, dass das nicht leicht ist.
Aber ich will dich und mich daran erinnern,
diesen Tag nicht zu leben wie all die anderen.
Pause machen.
Sitzen und dem Gegenüber aufmerksam zuhören.
Die Tasse Kaffee in den Garten tragen und den Vögeln zuhören.
Ins Sofa kriechen und ausruhen.
Den Kuchen und die Menschen genießen.

Sein lassen, was morgen auch noch getan werden kann.
Sein lassen, worüber mein Kopf und Herz grübeln wollen.
Sein lassen, was hetzt und treibt und unruhig macht.

Komm, wir entstauben diesen wundervollen Tag gemeinsam.
Unter dem Staub wartet Großes.

Der Sonntag ist ein Sein-Tag und ohne das Sein sind wir nicht.

Entmutigung

Da ist diese leise kleine Stimme, die im Bauch sitzt
und uns gerne nach unten ziehen will.
Sie lässt uns glauben, dass es sinnlos ist, es nochmal zu versuchen.
Sie drückt auf Herz und Seele.
Sie ist wie eine dunkle Wolke, die den grade noch so blauen Himmel
einfach bedeckt.

Dr. Johannes Hartl hat einmal in einem Vortrag gesagt, dass wir
schneller Opfer von Entmutigung werden, wenn wir erschöpft sind.
Wenn wir sowieso schon angeschlagen, müde und kaputt sind.
Wenn wir uns nicht richtig um uns kümmern konnten.
Um unser Herz und um unsere Seele.
Und genau dann dürfen wir uns entscheiden, der Entmutigung
nicht zu lange zuzuhören, sondern stattdessen zu fragen:

Was brauche ich eigentlich jetzt?
Was täte mir gut und wie könnte ich das auch in die Tat umsetzen?

Wir sind so oft herausgefordert, uns in den Wimmelbüchern
unserer Leben nicht zu verlieren.
Uns selbst zu suchen und zu finden. Zu fragen, ob es uns
gut geht mit dem Platz, den wir einnehmen.
Wir brauchen Orte der Ermutigung.
Freunde, die uns zuhören.
Orte, an denen wir auftanken können.
Momente des Luftholens.

Und ja, ich glaube auch, dass diese Orte erkämpft werden müssen,
weil sie oft nicht einfach auf uns zugeflogen kommen.
Ich glaube, es gibt Räuber, die uns nehmen wollen, was wir haben.
Räuber des Vergleichens und des Neids.
Es sind die negativen Sätze, die Menschen über uns ausgesprochen
und die sich tief ins Herz gegraben haben.
Es ist das Fokussieren auf den Mangel und nicht auf das,
was wir sind und haben.

Räuber nehmen und lassen uns leer dastehen.
Ermutigung füllt und gibt. Beschenkt, überreich und
hinterlässt dich dankbar.

Nimm dich in den Blick!
Suche Orte, an denen du sein darfst!
Höre Menschen zu, die dich ermutigen und meide Menschen,
die dich klein machen.
Frag nach Hilfe!
Höre ermutigenden Worten zu, Worten, die aufrichten
und Flügel verleihen!
Bitte um Hilfe, wenn du sie brauchst!
Glaube nicht, dass das ein Zeichen von Schwäche ist.
Es ist der erste Schritt zu neuer Stärke.

Lass der Entmutigung nicht das letzte Wort!

Und sei gesegnet mit Hoffnung und Mut,
der wieder weitergehen lässt!

Tränen

Tränen kullern wie kleine Perlen an den Tiefpunkten des Lebens.
Sie laufen über Wangen in Momenten voller Rührung und Wunder.

Sie werden oft versteckt und heimlich schnell
in ein Taschentuch gewischt.

Das große Reinemachen der Seele.
Das Ausleeren des Herzens.

Tränen befreien.
Sind wertvoll.
Heilsam.
Machen Platz für Neues.
Helfen betrauern.
Bringen das Fass zum Überlaufen.

Wir zeigen sie nicht gerne. Fühlen uns schwach.
Aber wenn wir es tun, öffnen wir oft eine Tür.

Ich mag den Vers aus der Bibel sehr gerne, in dem steht,
dass Gott unsere Tränen in einem Krug sammelt.

Ich stell mir vor, dass es ein roter Krug mit weißen Punkten darauf ist.
Einer mit Platz und mit Dellen darauf, die von den Spuren
des Lebens erzählen.
Einer, in dem schon einige Tränen gesammelt sind.
Tränen der Erschöpfung.
Tränen der Freude.
Tränen der Wut.
Tränen der Trauer und Enttäuschung.
Tränen vor Rührung und echter Dankbarkeit.
Dieser Krug steht in einem Garten, in dem viele Blumen wachsen.

Ich stell mir vor, wie Gott dort sitzt und leise sagt:

Ich sehe dich!
Deine Tränen sind wertvoll.
Ich lasse sie nicht beliebig verschwinden.
Ich bewahre sie auf.
Ich kümmere mich.
Ich wische sie nicht einfach nur weg.

Erzähl mir von deinem Schmerz.
Lass mich teilhaben an deinem Glück.

Und vor allem:

Schäm dich deiner Tränen nicht, denn da gibt es nichts zu schämen.

Der Ort deiner Tränen ist ein heiliger Ort.
Einer, an dem du durch und durch verstanden wirst.
Einer, an dem du nicht immer bleiben musst,
aber immer kommen darfst.
Ich mache alles neu.
Du wirst wieder blühen.

Höhlenmodus

Sehnsuchtsvoll lese ich meinen Kindern immer die
Winterschlafgeschichten der Tiere vor.
Von Höhlen, in die man sich zurückziehen kann.
Gemütlich aneinander gekuschelt schlafen, bis der Frühling kommt.
Warme, gemütliche Orte der Ruhe und Erholung.
Der kalte Winter muss draußen bleiben.
Eine Traumvorstellung für eine Mama, die die letzten Jahre
kaum geschlafen hat.
Im Höhlenmodus sein, nicht erreichbar für die laute Welt,
aber gut versorgt und umgeben von meinen Lieben. Das wär's!
OK, genug der Tagträumereien!

Und trotzdem will ich diese Momente des Rückzugs
suchen und nutzen.
Die Zeiten ohne Handy und Erreichbarkeit.
Die Räume in meinem Haus, die handyfrei bleiben.
Die Zeiten, in denen ich das Chaos, Chaos sein lasse und mich
für fünf Minuten auf mein Sofa verkrieche. So lange, bis wieder einer
ganz laut „MAMA" ruft.

*Im Ruhig-Werden spüre ich oft die Umarmung
meines Schöpfers,*

der mich leise einlädt, ein- und auszuatmen. Durchzuatmen.
Neue Kraft zu bekommen.

Er hilft mir, zur Ruhe zu kommen.
Er lässt mich sein und doch hütet er mich wie seinen
eigenen Augapfel.
Das sind drei heilige Minuten im Alltag.
Unscheinbar und doch unendlich wertvoll.
Und dafür bin ich mindestens genauso gemacht wie für das
tobende, bunte, wilde Leben,
das mich danach wieder erwartet ...

Ich wünsche dir heute auch mindestens ein paar Minuten Höhlenmodus

und eine dicke Umarmung von dem, der dich gemacht hat.

Du wirst es schaffen

Unsere Große hat uns in den letzten zwei Wochen sehr beeindruckt. Aus einem eher wasserscheuen Mädchen wurde eine kämpferische Schwimmerin, die sich durch ihren Schwimmkurs ganz schön durchbeißen musste. In der Hälfte des Kurses haben wir den Eindruck, dass das alles doch noch etwas zu viel und zu früh für sie ist. Bei der Schwimmprüfung hält sie in der Mitte der Bahn an und sagt zu dem Lehrer, dass sie nicht mehr kann. Er sieht sie an und sagt: „Lotta, du kannst. Schwimm einfach ruhig weiter." Alle beobachten gebannt die Situation.

Ich als Mama wäre am liebsten sofort ins Wasser gesprungen und hätte sie rausgezogen. Aber dann hätte ich einen entscheidenden Moment ihres Lebens verhindert. Denn plötzlich packt sie freudiger Kampfgeist und sie schwimmt weiter. Es ist zu sehen, dass sie wirklich kämpft. Eine Mutter ruft hinter der Glasscheibe, hinter der die Eltern warten: „Sie macht es, sie schafft es, guckt sie euch an."

Auf den letzten Metern schafft Lotta ihr Schwimmabzeichen. Der Schwimmlehrer, der mit im Becken war, konnte ihre Kräfte einschätzen und hat sie über eine Grenze gehen lassen. In dem Moment, als sie nicht mehr konnte, war niemand da, der sie hielt. Aber der Schwimmlehrer breitete seine Arme vor ihr ganz weit aus, um ihr zu zeigen: Ich bin da. Er feuerte sie an, weiterzumachen. Sagte ihr, dass er glaubt, dass sie das schafft. Und dass er sie in der Not auffangen wird. Schwimmen musste sie allein.

Ich habe mein Kind noch nie so glücklich gesehen. Sie durfte an diesem Tag erleben, dass sie weit mehr schafft, als sie selbst denkt. Als sie die Bahn gemeistert hat, steigt sie zögernd aus dem Wasser. Starrt ungläubig auf diese lange Bahn, die hinter ihr liegt.
Sie kann es kaum fassen. Das Wasser hat getragen. Sie hat es geschafft.
Ich weiß nicht, durch welche Lebensgewässer du dich gerade kämpfen musst. In denen vielleicht die Entmutigung anklopft und dir sagt: „Du wirst es nicht schaffen."

Dann will ich dich heute erinnern und dir zurufen:

Konzentrier dich auf den Lehrer des Lebens, auf den Schöpfer, der jedes Detail deiner Schwimmstrecke kennt. Schau auf ihn! Er ist nicht weit weg. Er steht mit weit ausgebreiteten Armen im Wasser. Er kann dich und deine Kräfte sehr gut einschätzen. Und solltest du sinken, wird er dich rausziehen.
Aber zuerst wird er dich anfeuern, alles zu geben und zu entdecken, dass er dir viel mehr gegeben hat, als du dir vorstellen kannst.

Hole tief Luft und schwimm!

Du wirst es schaffen und seine ausgebreiteten Arme warten auf dich! Und am Ende deiner Strecke wirst du vielleicht zurückschauen und nicht fassen können, was du geschafft hast. Und einer war immer in deiner Nähe.

Sturmbezwinger

Ich halte eine Postkarte in den Händen. Von der Vorderseite lächelt mir Pipi Langstrumpf mutig entgegen. Ich denke an die Geschichte von ihr mit dem Sturm, wo sie wie selbstverständlich feststellt, dass der Sturm zwar immer stärker wird, aber sie eben auch. Die Figuren aus den Büchern von Astrid Lindgren haben meine Kindheit geprägt. Ich habe die Geschichten von der starken Pippi verschlungen, die sich von nichts und niemandem kleinkriegen lässt.

Ich sehe sie vor mir, die mutige, kesse Pippi mit ihren Zöpfen und Sommersprossen. Sie hat keine Angst. Sie schläft allein in einem großen Haus, fürchtet sich nicht vor Einbrechern und nervigen Erwachsenen. Sie traut sich viel zu und ist unglaublich stark. Sie ist klug, besiegt sogar Piraten. Und sie traut sich, alles zu schaffen.
Wie ich sie als Kind bewundert und mir gewünscht habe, etwas mehr wie diese Pippi zu sein.

Aus meiner Erwachsenenperspektive denke ich, dass da schon was dran sein kann. Stürme machen stärker. Wenn wir mal durch sie hindurch sind und zurückblicken. Wenn wir sie überlebt haben.
Aber niemand wird freiwillig sagen: „Ach, mal wieder so ein brausender Lebenssturm, der alles durcheinanderwirft, der wäre jetzt schön."
Stürmen weichen wir doch lieber aus, wenn wir können.
Wahrscheinlich ist es tatsächlich so, dass Stürme uns stärker machen, aber nicht jeder wird im Sturm denken: „Na, dir trotz ich ... komm du nur ..."

Manchmal sind wir erst im Rückblick versöhnt mit so
mancher Sturmauswirkung.
Wir entdecken, dass wir stärker waren, als wir dachten.
Dass Stürme erden.
Dankbar machen.
Tiefe verleihen.
Demut vor dem Leben.
Wir erleben, dass wir mehr geschafft haben,
als wir uns selbst zugetraut haben.

Dass die Stürme uns geerdet haben und dankbar zurückließen.
Dankbar, dass wir überlebt haben.

Wie sehr wünsche ich dir und mir, dass die Lebensstürme
uns nicht kleinkriegen,
sondern stärker machen.
Reicher.
Barmherziger mit uns selbst und anderen.
Dass unser Leben Tiefgang bekommt und andere sich gern
an uns anlehnen,
wenn der Wind ihnen ins Gesicht bläst.

Ich bin froh, den wirklichen Sturmbezwinger zu kennen.

Den, dem Wind und Wellen gehorchen.
Den, der auf dem Wasser gehen kann.
Dem, der weiß, dass ich nicht Pippi heiße und auch nicht so bin.

Ich weiß, er hat auch schon im Sturm geschlafen und hinterher
gefragt: „Warum vertraut ihr mir nicht?"
Ich weiß, er schweigt auch manchmal eine Weile
und wir hören das Tosen des Sturms heftig laut.
Ich weiß aber auch, dass ein Wort von ihm reicht
und der Sturm muss schweigen.
Völlige Stille breitet sich dann aus. Frieden und Ruhe.
Geborgenheit und Halt.

Und oft habe ich den Eindruck, dass er seine Hand
ausstreckt und sagt:
„Komm, wir beide gehen zusammen durch den Sturm."

Kraft in schweren Zeiten

Was gibt Menschen eigentlich Kraft in stürmischen Zeiten?
Wie haben unsere Großeltern geschafft, was sie geschafft haben?
Und wie konnte meine Mama uns groß ziehen, ohne durchzudrehen?
Wie überstehen Menschen Wüsten- und Kriegszeiten,
Marathonläufe und Pandemien?

Wir leben in spannenden Zeiten mit großen Fragen und Herausforderungen. Manchmal wird mir ganz schwer ums Herz und ich fühle mich klein und ohnmächtig, wenn ich all dem gegenüberstehe.
Um mich herum bemerke ich, dass diese Zeit mit jedem etwas macht und uns verändert.
Und ich glaube, sie fordert viel von uns. Auch, dass wir gut für uns sorgen und hinhören, was wir brauchen.

Manchmal lebe ich in der Gefahr, mich nur auf die Herausforderungen zu konzentrieren und vergesse, mich um mich selbst zu kümmern. Ein großer Trugschluss unserer Zeit ist vielleicht auch, dass wir oft meinen, alles allein schaffen zu müssen. Immer stark sein. Keine Schwächen zeigen. Lösungen für alles parat haben.

Wenn ich eins von der Generation vor mir verstanden habe, dann dass wir ein Dorf brauchen, um zu überleben, um unsere Kinder großzuziehen und Alltagstiefen zu bewältigen.
Wir brauchen die Generation vor uns, damit sie uns anfeuert mit ihrem Leben und Glauben.
Wir brauchen es, dass sie an uns glauben und dass wir einen Ort zum Anlehnen haben.
Und wir haben wieder etwas, das wir der nachwachsenden Generation geben können.
Sie groß lieben und für gute Wachstumsbedingungen sorgen.

Ich glaube, wir brauchen Beziehungen! Wir brauchen Berührungen und Augen, die uns ansehen. Wir brauchen Menschen, die uns zuhören und Menschen, denen wir zuhören, und zwar nicht nur per Sprachnachricht.

Ich glaube, dass ein großer Schatz im Miteinander liegt. Und dabei ist mir durchaus bewusst, dass es auch Konflikte und Verletzungen geben wird. Ja, auch christliche Gemeinschaft ist eine Gemeinschaft von sündigen, fehlerhaften Menschen. Und trotzdem glaube ich an die Kraft von Gemeinschaft und dass sie heilsam ist und trägt. Dass wir miteinander wachsen können, von Fehlern lernen und immer wieder neu anfangen dürfen.

Haben wir das nicht, bleiben wir mit unseren Gedanken allein.
Wir brauchen gute Worte, die unseren Kopf heben
und Neues in uns bewegen.
Wir brauchen Menschen, die uns im guten Sinn unterbrechen.
Die uns zeigen, wo wir unseren ganz eigenen Platz finden können.

Es ist lebensnotwendig zu wissen, wohin ich gehöre
und wer zu mir gehört.

Lebensnotwendig ist auch die Begegnung mit Gott, den ich nicht immer verstehe, der mich aber versteht und alles, was in mir ist, kennt. Sein Dasein macht für mich den ganz großen Unterschied. Seine Gemeinschaft ist wertvoll und verändert so oft meinen Blick. Er muss keine Abstandsregeln einhalten und wird an jeden Ort kommen, an den er eingeladen wird.
Es ist nicht schwer, mit ihm Kontakt aufzunehmen. Er ist da, wo er eingeladen wird.
Du kannst da, wo du jetzt bist, anfangen mit ihm zu reden. Und das gibt Kraft in stürmischen Zeiten.

Schwere-los

Wie gern wären wir die Schwere los.
Ein federleichtes Leben.
Samuel Koch, ein Mann, der durch einen tragischen Unfall
in einem Rollstuhl sitzt, sagt in einem Interview, dass er es nicht
für erstrebenswert hält, die Schwere loszuwerden.
Viel wichtiger sei der Umgang mit ihr.

Darüber denke ich nach.
Ich wäre so gerne die Schwere los.
Würde mich lieber leichter fühlen.
Aber es hat auch viel Erdendes und Tröstliches.
Die Schwere nicht zu bekämpfen, sondern zu integrieren.
Anzunehmen und Wege hindurch zu finden.

Dafür braucht es Mut.
Mut, mir selbst einzugestehen, dass es Schwere
in meinem Leben gibt.
Mut, den Menschen, die mir nahestehen, mitzuteilen, was schwer ist.
Mut, mich zuzumuten mit allem, was eben gerade in mir ist.

Vielleicht verliert Schwere an Kraft, wenn wir sie teilen.

Vielleicht leuchtet Licht durch Scherben schöner.

Vielleicht kommen wir einander näher,
wenn wir wirklich Tiefe zulassen und uns nicht nur unsere
geschminkten Gesichter zeigen.

Ja, da könnte Segen im Schweren liegen.
Ja, die Schwere gehört manchmal dazu.
Und nein, du bist nicht schwach, wenn du sie empfindest.
Du gehst um mit dem, was da ist.
Und das ist wahrscheinlich der Schlüssel zur Veränderung.
Lauf nicht weg, wenn sie kommt.
Teil sie mit und lass dir tragen helfen.

Leichtigkeit

Bei diesem Wort denke ich immer an die wundervolle Szene aus dem Astrid-Lindgren-Film, in dem es um Michel und seine Familie geht. Klein Ida springt barfuß singend über die Sommerwiesen von Katthult, ein kleines Dorf in Schweden. Dabei hat sie ein wunderschönes schwedisches Kinderlied auf den Lippen.
Wehende Sommergräser, Schmetterlinge und eine Welt fernab jeglichen Lärms.

Von diesem Ort träume ich manchmal im Chaos des Alltags.
Sehne mich weg aus meinem Alltagsstaub, der niemals enden will.
Wünsche mir Sommerleichtigkeit mit Singen aus tiefstem Herzen
und frischer Luft zum Atmen.

Leichtigkeit, wo bist du?
Und wie kann ich dich finden?
Was brauche ich, um dich zu erleben?

Meine Kinder sind Leichtigkeitskünstler.
Sie feiern den Moment.
Leben im Hier und Jetzt.
Wenn es regnet, tanzen sie barfuß. Dabei ist ihnen ganz egal,
dass sie nass werden.
Wenn sie sich freuen, lachen sie laut, auch wenn der Ort dafür
scheinbar nicht angemessen ist.
Wenn es etwas gibt, was sie gerne essen, werde ich
überschwänglich gelobt, während sie sich mit ihren kleinen Händen
alles in den Mund stopfen.
Wenn jemand zu Besuch kommt, den sie mögen, gibt es
Freudenschreie, die weit zu hören sind.
Sie können sich an kleinen Dingen freuen und lachen.
Sie lachen über so viele Dinge.
Selbst an dunklen Orten haben sie die Fähigkeit, sich auf Gutes
und Schönes zu fokussieren.

Ich erinnere mich an eine Beerdigung, an der unsere Große, damals 5 Jahre alt, singend über den Friedhof hüpfte und Blütenreste einsammelte. Diese Blüten brachte sie zum Sarg und legte sie sorgfältig darauf. Danach strich sie sorgsam über das Holz, als würde sie nochmal Tschüss sagen wollen und hüpfte wieder davon.
Ja, das können Kinder. Vielleicht weil ihnen das Ausmaß der Tragik noch gar nicht völlig bewusst ist. Vielleicht weil sie noch voll und ganz im Hier und Jetzt leben.

Ich suche weiter nach Menschen mit Leichtigkeit.

Eine Frau, die es irgendwie geschafft hat, in 85 Jahren immer wieder leichte Momente zu erleben, ist meine Schwiegermama.
So oft freue ich mich an ihrer Liebe zum Detail.
Das Hier und Jetzt feiern.
Das Kinderliebhaben, solange es geht.
Die schöne Tischdecke auf dem Tisch und den Lieblingspudding bereit.
Das gute Geschirr decken in dem Wissen, dass es wahrscheinlich Scherben gibt.
Bei ihr wird viel gelacht und es werden fröhliche Geschichten erzählt.
Trotz allem.
Allem Schweren, das es natürlich auch in ihrem Leben gibt.
Da wird nichts verdrängt oder verschwiegen.
Da haben auch Tränen und Fragen Platz.

Ich habe den Verdacht, dass sie den Dankbarkeitsmuskel trainiert hat. Immer und immer wieder. Während andere in ihrem Alter nur die gute alte Zeit betrauern und recht verbittert auf mich wirken, sieht sie dankbar auf das Heute. Freut sich auch wieder neu an diesem Frühling und den kleinen Dingen.

Und irgendwie nimmt es mich so oft mit.
Motiviert mich im Heute und Jetzt, diese Haltung zu pflegen.
Auch an verrückten Tagen die kleinen Dinge nicht zu übersehen, die doch wirklich gut waren.

Ich wünsche dir den dankbaren Blick auf dein Leben.
Ich wünsche uns, dass wir uns anfeuern, diesen Überlebensmuskel zu trainieren.
Und ich wünsche dir und mir Leichtigkeit, die nicht nur von äußeren Umständen abhängt.

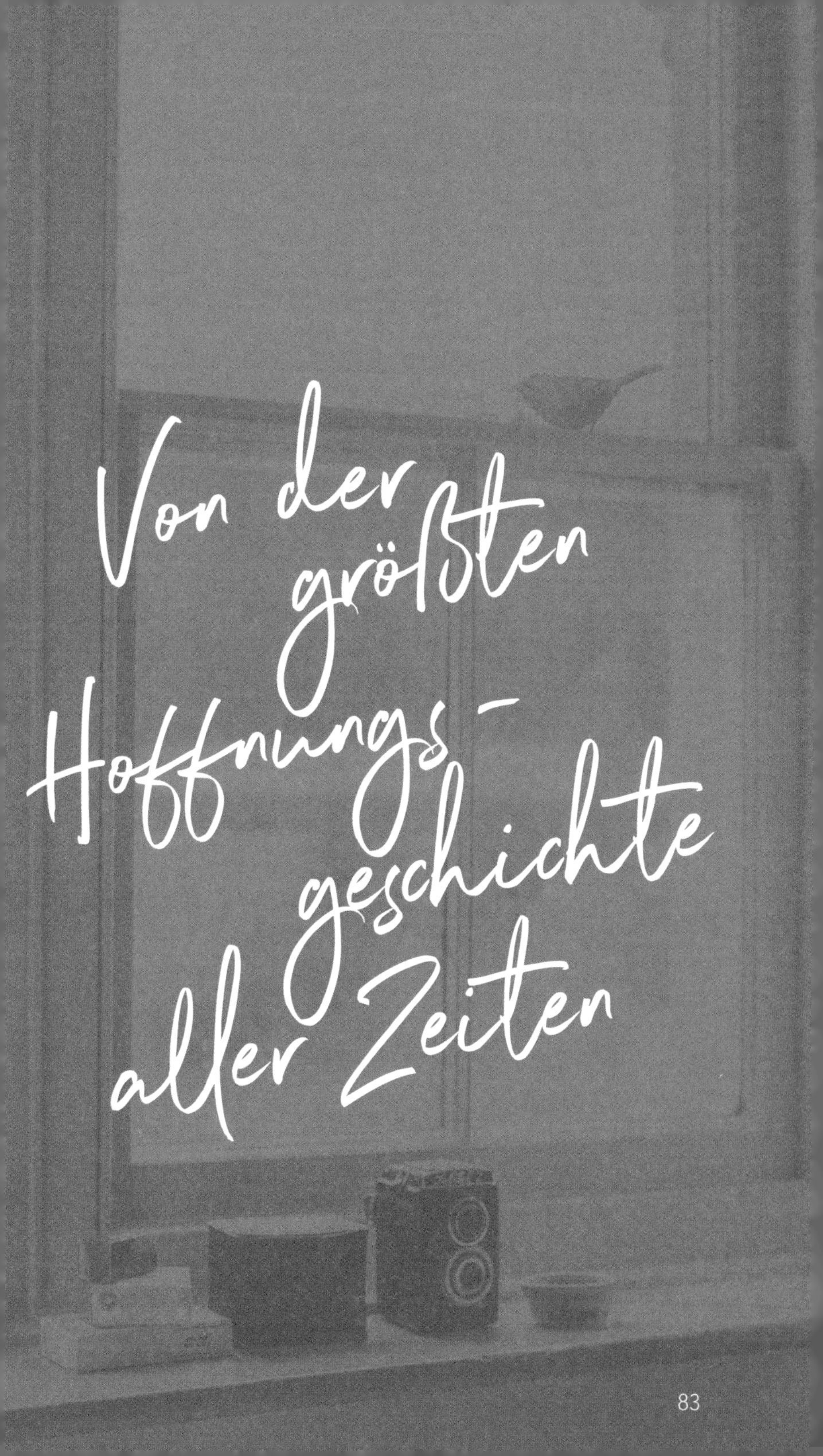

Von der größten Hoffnungsgeschichte aller Zeiten

Asche

Ich hatte nie einen besonderen Zugang zu deiner Bedeutung und doch merke ich, dass du mich nicht ganz kalt lässt. Dass du mir etwas anbietest, das ich manchmal gerne umgehen will.
Ein Tag, der mir bewusstmachen kann, dass mein Leben endlich ist.
Dass ich nicht immer hier sein werde.
Die Bibel sagt, wer das versteht, kann klug leben.
Es muss mich nicht in die Tiefe stürzen, kann mein Leben aber erden.
Ich darf diese Begrenztheit annehmen und dann dankbar in der Zeitspanne leben, die mein Schöpfer mir schenkt.

Ich merke, dass mich dieser Gedanke herausfordert und anspornt,
nicht beliebig zu leben.
Nicht nur auf bessere Zeiten zu hoffen.
Jetzt und hier leben.
Dankbar für das, was ich habe.
Kluge Entscheidungen treffen.
Wirklich überlegen, mit was ich meine Lebenszeit füllen will
und umso mehr mit was nicht.
Welche Menschen mich vielleicht gerade jetzt brauchen.
Was ich brauche und für was ich stehen will.

Aschermittwoch ist auch der Beginn der Reise
auf dem Weg zum Osterfest.

Ein Moment, der die Sehnsucht in mir wachruft nach Licht
und Hoffnung und nach dem, der sich dem größten Feind
dieser Welt stellte: dem Tod.

Oh, wie nötig brauchen wir dieses kraftvolle Licht,
die Begegnung mit dem, der den Tod für alle Zeit besiegt hat.
Damit gibt er meinem Hier und Jetzt Bedeutung.
Damit feuert er mich an, „klug" zu leben.
Mutig zu entscheiden.
Und eines Tages werde ich für immer bei ihm sein.

Osterweg

Da steht sie, unsere Osterkrippe. Die Kinder haben sie begeistert aufgebaut.
Immer wieder neu bewegt mich die Geschichte rund um das Kreuz von Jesus. Sie ist sperrig, nicht sofort zu verdauen und doch wundersam tröstend und befreiend.
Sie macht den großen Unterschied zwischen allen Erzählungen und Geschichten, die es gibt.
Und oft finde ich mich wieder und verstanden in den Personen rund um das Kreuz.

Manchmal bin ich voller Tatendrang und Glauben wie Petrus. Ich möchte der ganzen Welt erzählen, was mir wertvoll an Jesus ist. Dann wieder verlässt mich der Mut und ich bin nicht sicher, ob ich wirklich bis zum Letzten standhaft bleibe, wenn es darauf ankommt.
Manchmal würde ich auch sagen: Jesus, ich bleib wach mit dir. Ich bleibe dran am Bibellesen und Beten. Du bist mir wichtig. Aber ich kenne auch die müden Momente, in denen das Bett viel nötiger erscheint als das Gebet.

In mir steckt etwas von der Mama Maria. Wie gut ich mir vorstellen kann, was sie gefühlt haben muss, als sie ihren Sohn umgebracht haben. Was muss das Mamaherz durchgemacht haben in den letzten Tagen von Jesus. Unvorstellbar.

Ich liebe die Stelle, in der beschrieben wird, dass es Frauen waren, die dann die Auferstehungsbotschaft als Erste erzählt haben. Sie durften sehen und erleben, was Auferstehung bedeutet. Was wäre die Geschichte ohne die Frauen, die vertraut haben und die ersten Auferstehungspredigten hielten?

Und letztlich merke ich doch, dass es um meine ganz persönliche Geschichte mit Jesus geht, die von Höhen und Tiefen geprägt ist.
Auch von tiefer Dankbarkeit für diesen Weg, den Jesus gegangen ist. Auch wenn ich mir das immer wieder neu durchbuchstabieren muss und nicht fragenlos dazu bin.

Letztlich glaube ich, dass sein Herz voller Liebe für jeden Menschen ist und voller Hoffnung.

Die Geschichte von Ostern ist letztlich eine ganz persönliche Geschichte zwischen Jesus und dir.

Denn wäre das nicht so, wäre sie letztlich eine unbedeutende Geschichte aus der Vergangenheit.
Und so will ich in der Osterzeit immer wieder ganz konkret fragen: Jesus, wo bist du für mich zu finden? Und was willst du mir zeigen?

Dunkelfreitag

In dir liegt alles, was Menschen je erleiden müssen.
An Not, Schmerz und Ungerechtigkeit.
In dir liegt das Unaussprechliche.
Wir können nur sprachlos dastehen und aushalten.
Es ist, als würde die ganze Welt die Luft anhalten.
Der Vorhang zerriss und nichts ist mehr, wie es einmal war.

Gott stirbt.
Ist nicht mehr verfügbar.
Ist tot.
Schweigt.

In diesen Tod hat er alles mitgenommen.
Alles, was diese Welt jemals dunkel machen wird.
Und ich weiß, er versteht, wie es uns zerreißt,
wenn wir an Gräbern stehen.
Kennt das Gefühl, ins Unendliche abzustürzen.
Kennt Todesangst und tiefste Furcht.
Ich weiß, er weiß, wovon er spricht, wenn er sagt:
„In deine Hände befehle ich meinen Geist."
Denn es gibt Momente, da trägt nur noch das Vertrauen
und nicht mehr das eigene Fühlen.
Dunkelfreitag.
Manchmal wünschte ich, es gäbe dich nicht.
Und gleichzeitig weiß ich, ohne dich wäre alles nichts.
Der Tag, an dem Gott den tiefsten Weg gegangen ist.
Keinen Schmerz gescheut hat.
Nicht geflohen ist, so wie ich es gerne tue, wenn es eng wird.
Dunkelfreitag. Tiefpunkt der Geschichte.
Dreh- und Angelpunkt meiner Hoffnung.

Tiefpunkt

Was für ein unglaublicher Tiefpunkt.
Der Weg mit Jesus ist so dynamisch, kraftvoll
und verändernd gestartet.

Jetzt stehen sie wortlos ums Kreuz.
Die Hoffnung ist tot.
Der Meister weg.
Das Herz so leer.

Innerlich gebrochen.
Ratlos.
Entmutigt.
Traurig.
Mit schweren Herzen und gesenktem Kopf stehen sie da
und wissen nicht weiter.

Karfreitag
Der Tag, der alle Tiefpunkte des Lebens zusammenfasst.

Und es gibt so viele.

Wir leiden aneinander.
Wir leiden an uns selbst.

Wir leiden an dem Hass, der diese Welt durchzuckt.

Wir leiden an mangelnder Liebe, fehlendem Verständnis.
Wir leiden an Krankheit, Tod und schlechten Nachrichten.
Letztlich leiden wir daran, nicht mehr im Paradies zu leben.
Diese Sehnsucht steckt doch tief in uns.

Ja, auch christliche Gemeinschaft ist nicht verschont
von Enttäuschungen und Leid. Vielleicht sitzen die Tiefpunkte da
manchmal noch tiefer, wenn wir es auch dort nicht schaffen,
wo wir doch den kennen, dem wir nachstolpern.

Es ist ein schrecklicher Tag.
Und es ist ein so unglaublich heilsamer Tag.

Ein Tag, an dem ich weiß:
Er leidet mit.
Er fühlt jeglichen menschlichen Schmerz.
Er stellt die gleiche Frage, die wir auch oft stellen:

Warum hast du mich verlassen?

Wo bist du, Gott?

Ich fühle mich so verstanden.
Ja, das ist der Tiefpunkt.
Ja, den müssen wir aushalten.
Ja, wir leben nicht im Paradies.

Aber der, der so tief liebt und kämpft,
wird aus Asche Schönheit schaffen.
Er ist noch nicht am Ende mit seinen Möglichkeiten.
Er ist in der Lage, es Frühling werden zu lassen.
Er schafft ein Morgen.

Nein, das ist nicht das Ende.
Halte durch.
Hoffnung ruft.

Aushalten

Im Moment gibt es einige Menschen um mich, denen es aus den unterschiedlichsten Gründen nicht gut geht. Manchen schon seit langer Zeit. Trauer, Krankheit, Zerbruch im persönlichen Leben, Ängste vor der Zukunft, Minderwertigkeitsgefühle und Überlastung. Erschöpfung, Einsamkeit, sich ausgebrannt fühlen, seelische Schmerzen.

Es ist herausfordernd und gleichzeitig heilsam, mit Herzensmenschen durch solche Zeiten zu gehen. Nicht mit der großen Weisheit in der Tasche, aber mit einem Herzen, das mitleidet, das barmherzig ist und dranbleibt, auch wenn dieser Weg nicht in ein paar kurzen Momenten gegangen ist.

Aushalten. Mit im Tal sitzen. Schweigen. Zuhören.
Aber auch reden. Beten. Da sein.
Ich weiß, dass es manchmal das Gefühl gibt, richtig festzustecken
in einer solchen Zeit. So wie ich mir im eisigen Winter
kein Tulpenmeer vorstellen kann.
Vielleicht ist es den Freunden von Jesus am Karsamstag
so ähnlich gegangen.

*Diese furchtbare Zwischenzeit, in der scheinbar
kein Sieg errungen wurde.*

Dieser Moment, in dem alle glaubten, dass alles vorbei ist.

Und dann kommt die Frühlingssonne mit voller Kraft und Blumen
brechen an den steinigsten Orten hervor.
Und Jesus ist nicht im Todestal geblieben, aber er hat es
durchwandert und somit all unseren Schmerz und unsere
Verzweiflung mitgenommen und besiegt. Ich fühle mich
so verstanden von ihm. Er hat diesen Weg nicht ausgelassen.
Er ist der Gott der Höhen und Tiefen. Das berührt mich sehr.
Welcher Gott sinkt so tief herab?
Ich will die ermutigen, die gerade wandern im Tal.
Die gerade im Winter feststecken.
Der Frühling wird kommen!

Neues Leben wird wachsen!
Ängste werden nicht das letzte Wort haben.
Und Festgefahrenes muss nicht immer so bleiben.
Halte durch und halte aus.
Bleib in all dem nicht allein.
Schäme dich deiner Kämpfe nicht!
Und sei dir sicher: Einer kämpft für dich.
Ostern wird kommen – Ostern ist schon gekommen.

Er macht alles neu.

Zwischenzeit

Tiefpunkt und Grabzeit.
Nicht leicht auszuhalten, finde ich.
Noch nicht klar, was kommen wird.
Für die Freunde von Jesus sicher nicht.
Haben sie an diesem Punkt geahnt und geglaubt,
was sie am Ostermorgen erwarten wird?

Und ich?
Ich kenne diese Zwischenzeiten auch.
Die Zeiten, in denen vom Sieg nichts zu sehen ist. Die Tiefpunkte.
Die Samstage, die den Sonntag noch nicht erahnen.
Die Geschichten, die nicht gut ausgegangen sind. Die persönlichen
Verluste, die tiefe Narben hinterlassen haben.
Wie schwer fällt es mir oft, sie auszuhalten ohne gleich
„Alles-wird-gut-Parolen" zu schwingen. Bei der trauernden Freundin
zu sitzen und die Not mit auszuhalten. Weinen. Da sein.
Ohne große Worte und Weisheiten.
Und dann merke ich doch, dass in diesen Zwischenzeiten Kraft steckt.
Ohne Kampf kein Sieg.
Ohne diesen Tiefpunkt könnten wir die Auferstehungsfreude nicht
spüren, weil wir gar nicht wüssten, welche unglaublichen Strapazen
da einer auf sich genommen hat.
Und durch ihn fühle ich mich so verstanden.
Kein Gefühl ist ihm fremd.
Er wurde verraten, geschlagen, misshandelt und gequält.
Von Freunden verlassen. Allein gelassen.
Jesus wird für immer in den Tiefpunkten unseres Lebens an unserer
Seite sein, weil er sie kennt.

Und er wird nicht einfach schnell „alles wird gut" sagen.

Er wird mitweinen.
Mitleiden.
Verstehen.
Und dann wird er sanft unseren Blick heben
und wir dürfen wieder sehen:
Es dämmert.
Ein neuer Morgen bricht an.
Der Ostermorgen.

Zwischen den Stühlen

Tag dazwischen.

Tod und Verzweiflung.
Zwei dunkle Nächte.

Die Vogelstimmen der Hoffnung schon aus der Ferne zu hören.

Aber die Auferstehung noch nicht da.

Das Dämmern.
Das Morgengrauen.
Ja, da kommt ein neuer Morgen, aber da ist noch Grauen.

Das große SCHON JETZT und NOCH NICHT.

Die Spannung, in der auch wir leben.
Zwischen Sieg und Niederlage.
Zwischen Schweigen und Gebetserhörung.
Zwischen Zweifeln und Glauben.
Zwischen Trauer und Feststimmung.

Die leise Vorahnung.
Aber noch im tiefen Tal sein.
Den Blick aufheben und merken, dass noch ein Weg
gegangen werden muss.

Das Grab noch verschlossen.
Die Tücher des Todes umgewickelt.

Tag dazwischen.

Ich glaube, wir brauchen diesen Tag
um uns von Jesus wirklich verstanden zu fühlen.
Um die Stille auszuhalten.

Fragen stellen zu können.
Verluste zu betrauern.
Tränen zu weinen.
Nicht alles gutreden müssen.

Und steck ich fest im Grauen,
weiß ich, er versteht.
Und steh ich am Grab, in dem der Tod liegt,
weiß ich, er lag dort.
Und ist die Nacht auch noch so dunkel,
weiß ich, er ist nicht geflohen in den hellen Tag.
Er harrte aus in der Tiefe.

Je größer der Kampf,
desto größer der Sieg.
Dieser Sieg wird kommen.

Ostermorgen

Der Schrecken der letzten Nächte, Mächte und Gewalten
muss ihnen noch in den Gliedern gesteckt haben.
Die Gefühle gefroren und klamm.
Das Herz verwundet und traurig.
Die Hoffnung fast verloren.
Und dann bricht das Leben hervor.
Kraftvoll überraschend voller strotzender Kraft.
Vitalität.
Verwandelt Trauer in Freude.
Schafft Schönheit aus Asche.
Alle Angst vorbei.
Frieden statt Unruhe.
Gerechtigkeit für alle Zeit.
Leid ist vorbei.
Tränen sind getrocknet.

Herz atmet auf.

Distanz nicht mehr da.

Sondern Licht, Leben und Freude.

Alle, die hingesehen und nachgespürt haben, haben ihn gesehen.
Den auferstandenen Jesus.
Das Erlebte nicht vergessen oder verdrängt, die Wundmale
deutlich zu sehen, aber durchdrungen von neuer Kraft, die so viel
Potential hat, dass der Blick Richtung Zukunft geht.
Hoffnung und neuer Mut, der befähigt, Großes zu tun.
Eine Freude, die nichts und niemand nehmen kann.
Und einen, der den größten Tiefpunkt in den größten Sieg
aller Zeiten verwandelt hat.

Auferstanden

Woher weiß der Vogel, der in der finsteren Nacht anfängt,
sein Lied zu singen, dass der Morgen kommt?
Fast trotzig ruft er mitten im Dunkeln vom kommenden Tag.
Es braucht die Hoffnungsboten.
Die, die schon in der Nacht ein Halleluja singen.
Gegen alle Umstände.
Gegen die Erfahrung.
Gegen alle Dunkelheit.
Ein bisschen so stelle ich mir die Frauen am Grab vor.
Ich liebe es, dass sie es waren, die erleben durften, dass Jesus lebt.
Sie waren die Ersten, die Auferstehungsluft geatmet haben,
die sahen, dass die Totentücher am Boden der Tatsachen lagen
und er nicht mehr darin lag.

Was für ein Aufatmen.
Was für ein Freudentaumel.
Bewegung. Erneuerung. Hoffnung und Neuanfang.
Das haben sie weitererzählt. Das hat ihr Herz
sehnsuchtsvoll geglaubt.
ER LEBT.

Und so wie der Vogel mutig sein Lied singt,
rufe ich dir heute morgen zu:

Er lebt.

Er ist auferstanden.
Er hat den größten Feind besiegt.
Er sieht deine Nacht und deine Dunkelheit.
Aber sie hat nicht das letzte Wort.
Es gibt Hoffnung.
Es gibt einen Weg.
Neuanfänge.
Wunder.
Vielleicht streckst du zaghaft diesem Wunder deine Hand hin
und darfst erleben, dass er sie hält.

Da wartet so viel mehr, als du denkst.
Das ist Ostern.

Danach

Noch im Schock des Erlebten.
Der Meister starb, war drei Tage tot.

Wie haben sie gelitten.
Waren völlig verzagt.

Dann haben sie ihn gesehen, gespürt und begriffen,
dass eine völlig neue Zeit begonnen hat.

Er lebt.

Aber da sind noch so viele Fragen.
Und wie geht's jetzt weiter?

Ich würde gerne so viel mehr lesen, was da zwischen den
Zeiten geschah.
Fühle ich mich doch so häufig genau da.

Voller Erlebnisse mit Jesus.
Aber auch durchgeschüttelt von den Ereignissen dieser Zeit.

Wir wissen, die Geschichte ist noch nicht zu Ende.
Jesus wird zu seinem Papa gehen.
Und er lässt diese Kraft aus dem Himmel da.
Beflügelt Menschen in einer Art und Weise, wie sie es
noch nie erlebt haben.

Diese Kraft wird sie befähigen, weite Strecken zu laufen.
Und einige werden sogar sterben für diese radikale Botschaft,
dass Jesus lebt.

Was haben sie gemacht in der Zwischenzeit?

Sie kamen zusammen.
Taten das, was Jesus ihnen beigebracht hatte.
Teilten Brot und Wein.
Rückten näher.
Nahmen sich in den Arm.
Trugen sich durch.
Stärkten die Schwachen.
Kümmerten sich um Arme.
Standen für Gerechtigkeit ein.
Waren als Liebende bekannt.
Erinnerten sich an seine Worte.

Jesus hat ihnen etwas vorgelebt und gezeigt, was jetzt tragen sollte.

Gemeinschaft ist eine Kraft, die durch Dürrezeiten trägt.

Teilen wird Vermehren.
Nähe wird Trösten.
Gemeinsam essen und das Leben zu teilen, stärkt auf dem Weg.
Nicht allein bleiben in Tiefpunkten, wird einen Unterschied machen.
Das allein wird nicht reichen auf dem langen Weg.
Aber es wird entscheidend sein in den Zwischenzeiten des Lebens.

Gegangen, um zu bleiben

Himmelfahrt, der Tag an dem Jesus gegangen ist,
war für seine Jünger, seine Freunde sicher ein schwerer Tag.
Konnten sie doch noch nicht recht greifen, was nun passieren wird.
Wie intensiv waren die Jahre mit ihm?
Prägend für Herz und Seele.
Wochen und Monate gemeinsam mit ihm.
Wie greifbar das Himmelreich.
Wie groß die Hoffnung auf ein Leben der besonderen Art.
Heilung, Vergebung, Liebe und Wunder.

Dann Leid, Schmerz und Tod,
kraftvolles neues Leben, ungekannter Auferstehungswind
und ein Hauch von neuem Leben.

Und dann geht er.

Zurück zu seinem Vater im Himmel.
Das müssen alle erstmal sacken lassen.
Wieso um alles in der Welt geht er jetzt?

Heute bin ich so dankbar, dass er gegangen ist,
denn hätte er das nicht getan, gäbe es keine Pfingsten.
Gäbe es Gottes Wirkkraft in uns nicht.
Sein Gehen bedeutet Gott in uns, Gott mit uns. Gott immer
und überall. War er damals noch an Zeit und Raum gebunden,
lebt er jetzt in unserem Herzen. So darf ich heute Teil dieser
großen Geschichte sein als Frau in einer völlig anderen Zeit,
in einer anderen Kultur und Prägung.
Für mich unfassbar und großartig.
Gott bei uns.
Gott nah.

In allem – durch alles hindurch.
Himmel auf der Erde.
Schon jetzt.
Jesus ist gegangen, um zu bleiben.
Um Wohnung zu nehmen in unseren Herzen.
Somit ist er nicht an Zeit und Raum gebunden, sondern
hat versprochen, da zu sein, wo er eingeladen wird.
Bei uns. Nah. In allem. Durch alles hindurch.
Himmel auf der Erde.
Schon jetzt.

Gegangen, um zu bleiben.

Himmlisch

Manchmal sagen wir, dass etwas himmlisch ist.
Ich sage es, wenn das Haus nach Mamas Apfelkuchen riecht,
oder ich auf einem hohen Berg im Allgäu stehe
und die Aussicht genieße.
Ich sage es aber auch, wenn ich mit Herzensmenschen tief in der
Nacht am Küchentisch sitze und über Gott und die Welt rede
und wir dabei Zeit und Raum völlig vergessen haben.
Himmlische Momente.

Damit meinen wir diese Goldrand-Momente des Lebens.

Diese perfekten Augenblicke, die wir im Herzen bewahren
wie mit einer Kamera fotografiert.
Wir tragen sie mit uns und sie haben sogar die Fähigkeit,
uns durch dunkle Momente zu tragen.

Woher wissen wir eigentlich, was himmlisch ist?
Wir waren doch noch nie dort.

Da ist eine Sehnsucht in uns, die ahnt, dass es diesen Ort gibt,
an dem alles gut ist.

Dort gibt es kein Vermissen.
Keine Tränen und kein Leid.
Dort werden wir ankommen und uns immer richtig fühlen.
Dort wartet der, der uns gemacht hat.
Wenn wir ihm begegnen, wird es keine offenen Fragen mehr geben.
Wir werden einfach sein.

Ich kann mir so gut vorstellen, wie Jesus sich fühlte, als er heimkam.
Nach der Erfahrung, dass selbst die engsten Freunde nicht bei ihm
blieben, als es ernst wurde und nach Tod und Auferstehung.
Auftrag erfüllt.
Tod besiegt.
Nach Hause.
„Einfach himmlisch".

Wir sind noch hier.
Und ich bin so dankbar, dass wir trotzdem schon im Jetzt und im Hier,
in aller Gebrochenheit dieser Welt manchmal
ein Stück des Himmels sehen dürfen.

Wunder.
Versöhnungen.
Mauern, die fallen.
Liebe im Detail.
Ermutigung und echte Anteilnahme.
Worte, die im tiefen Tal tragen.
Gebete, die erhört werden.
Menschen, die im Kleinen und im Großen einen
echten Unterschied machen.

Schon jetzt.

Mein Glaube ist kein ferner Jenseitsglaube.

Er ist bodenständig.
Er durchlebt auch Krisen.
Lässt offene Fragen zu.
Er flüchtet sich nicht ins Jenseits.
Lebt im Hier und im Jetzt mit der inneren Gewissheit, was kommt.

Deshalb hat Jesus seine Leute nicht mitgenommen.
Deshalb lebt er in uns.

Das ist himmlisch.

Mit Jesus hat der Himmel die Erde berührt.

Jeder, der ihm begegnet, trägt etwas vom Himmel in sich.

Schon jetzt.

Manna für einen Tag – Brot des Himmels

Ich liebe diese Geschichte aus dem Alten Testament, in der das Volk Gottes, das in der Wüste war, ausgehungert und kraftlos jeden Tag versorgt wurde mit dem „Brot des Himmels".
Dieses Brot reichte für einen Tag und sollte nicht bevorratet werden. Die Menschen sollten vertrauen, dass es für einen Tag reicht. Und dass sie am nächsten Tag wieder neu versorgt werden. Wer sich nicht daran hielt, musste die Erfahrung machen, dass das zu viel Gesammelte ungenießbar wurde.

Pfingsten ist das Fest der Kraft aus dem Himmel.
Das Geschenk des Heiligen Geistes.
Er ist der Versorger.
Er ist der Tröster.
Er ist der Begleiter, der uns genug für diesen einen Tag gibt.
Er ist die Person der Dreieinigkeit, die wie eine Taschenlampe
auf Jesus leuchtet, um uns zu zeigen, wie er ist.
Er ist die Verbindung zum Papa im Himmel.

Und sollten wir müde wandern, kraftlos sein, hadern auf unserem
Weg, wird er der sein, der versorgt mit „unserem Manna –
unserem Brot des Himmels", das wir für heute brauchen.
Kraft zum Durchhalten.
Liebe für uns selbst und andere.
Befreiung von Lasten und echte Neuanfänge.
Begabungen, die ins Leben kommen.

Pfingsten erlebt der, der um diese Kraft
aus dem Himmel bittet.

Pfingsten erlebt der, der um die Versorgung aus dem Himmel bittet.
„Komm, Heiliger Geist!"

Pfingsten

Das ist Gott mit uns.
Gott bei uns.
Gott nah, da, wo wir sind.

Trostkraft für Traurige.
Mut für Mutlose.
Heilige Trotzkraft.

Rückenwind für den Dennoch-Glauben.

Pfingsten macht Menschen zu Überwindern,
lässt sie die nächste Etappe gehen,
schenkt kreative Ideen,
neue Anfänge.

Pfingsten.
Wind und Feuer.
Einheit in Vielfalt.
Beschleunigt.
Treibt an, nicht allein zu bleiben.

Verschiedene Sprachen.
Und einander dennoch verstehen.
Gutes weitertragen.
Menschen einladen.
Glaube, der lebt.

Pfingsten ist alles, was wir im Hier und im Heute brauchen.

Komm Heiliger Geist!

Was der Hoffnung Kraft gibt

Leben feiern

Lass uns mal mehr das Leben feiern.
Auch mal ohne großen Anlass.
Lass uns mal der Sorge nicht zu ausführlich zuhören.
Denn es könnte ja auch gut werden.
Lass uns die guten Kaffeetassen rausholen und reden,
bis die Sonne untergeht.
Lass uns mal die schmutzigen Scheiben und vollen Wäschekörbe
ausblenden und im Hier und Jetzt sein.
Dem Kinderlachen zuhören und den Kuchen genießen.
Die kühle Abendluft einatmen und den Geräuschen
der Nacht zuhören.
Das Gesicht in die Sonne halten und spüren, wie sie uns wärmt.
Schick die Schwarzmaler weg und blubbere bunte,
glitzernde Seifenblasen in den Himmel.

Es gibt so viel zu feiern.

Dass wir leben.
Dass wir Geliebte und Gesegnete vom Vater im Himmel sind.
Dass wir schon so unendlich viel geschafft haben
und noch schaffen werden.
Dass wir einen neuen Tag und neue Zeit
geschenkt bekommen haben.
Lass uns mal mehr das Leben feiern.
Und den, der uns all das geschenkt hat.

Sonntage

Diesem Tag ein Gesicht geben.
Feiern und Tanzen.
Uns am Leben freuen.
Durchatmen und zurückschauen.
Dankbar unser Essen genießen.
Die Kinder segnen und ihnen sagen, was wir an ihnen lieben.
Unseren Weg finden, mit Gott im Gespräch sein.
Vielleicht beim Spazierengehen oder beim Kaffeetrinken mit ihm.
Vielleicht im Stillsein und Hoffen.
Vielleicht beim Spazieren gehen im Abendwind.
Vielleicht im Ausleeren unseres Herzens.
Die Sorgen bei ihm lassen.
Dankbarkeit einüben.
Wegsehen von dem, was uns niederdrückt.
Lasst uns Kerzen anzünden und uns Hoffnung zusprechen.
Vergewissern, dass wir nicht allein sind.
Wir brauchen diesen Tag so nötig.
Er zeigt uns, wer wir sind.
Geliebte.
Befreite.
Beschenkte.
Gesegnete.

Ich weiß, es ist nicht leicht, anzuhalten,
dem lauten Alltag den Ton abzudrehen.

Aber das Ringen darum wird sich so lohnen.
Es wird unsere ganze Woche verändern und unter
ein anderes Vorzeichen stellen.
Als Gott die Welt schuf, hat er ihn gesegnet, den Ruhetag,
den siebten Tag.
Wie viel mehr wird er uns segnen. Im Anhalten, im Durchatmen,
im Liebeschenken und Ihnsuchen.
Lasst uns doch gleich damit beginnen!

Leben, lieben jetzt

In den letzten Tagen sagte jemand:
„Die meisten Tränen bei Beerdigungen werden geweint wegen etwas, das man nicht gesagt oder getan hat, als noch Zeit dafür war."

Der Satz hat mich beschäftigt.

Offensichtlich merkt der Mensch erst, was ihm fehlt,
wenn es nicht mehr da ist.

Warum sind wir Menschen so sparsam und zurückhaltend?
Warum nicht verschwenderisch mit Gutem, solange es möglich ist?
Wir zögern so oft und wagen so wenig.
Schämen uns der Liebe und der guten Worte.
Behalten für uns, was wir fühlen und denken.
Warum eigentlich?

Johannes Oerding, ein deutscher Popsänger, erzählt in einem Interview, dass er seinem Vater ein Lied schrieb, in dem er ihm alles sagt, was er über ihn denkt. Er nennt es 1:1 Gespräch. Er singt davon, dass er es nicht schaffen wird, seinem Vater gegenüber zu sitzen und ihm diese Zeilen zu sagen. Also schickt er dieses Lied seiner Mutter und sie spielt es dem Vater vor. Schon nach den ersten Zeilen fließen Tränen. Sein Vater weint. Was für ein besonderer Moment. Doch verpasst hat er, seinem Vater dabei in die Augen zu sehen.

Was ist es, das uns davon abhält, so etwas zu tun?
Ist es Scham? Oder die Angst vor der Reaktion?
Angst vor Tränen oder peinlichem Schweigen?
Lasst uns verschwenderisch mit guten Worten sein.
Unsere Kinder in den Arm nehmen, so oft es geht.
Ihnen sagen, dass sie geliebt und wundervoll sind.
Lasst uns den Meckermodus in Partnerschaften beenden und neu nach dem suchen, das wir doch so sehr schätzen.
Lasst uns Karten schreiben, ja, die aus Papier, die man dann im Briefkasten findet und sich freudig wundert.

Lasst uns Geburtstage, Feste und Feiern nicht einfach
verstreichen lassen, sondern die Menschen, die wir lieben, ehren –
ihnen sagen, was sie uns bedeuten.
Bedanke dich bei den Menschen, die dir geholfen haben,
zu wachsen und deinen ganz eigenen Weg zu finden.
Gib großzügig ab von dem, was du hast.

Lass Bitterkeit nicht in deinem Herzen nisten.
Rede mit denen, die dich verletzt haben.
JETZT!

Jetzt ist die Zeit für Leben!

Für Blumenschenken und sagen:
„Ich hab' dich lieb."

Zeit für Ermutigung und Neuanfänge.

Zeit für ein „Entschuldigung" und „Lass uns nochmal neu anfangen".

Jetzt ist die Zeit für Umarmungen und Überraschungen.

Für Anrufe und neue Kontaktaufnahmen.

Auf dass wir das Leben feiern, solange es möglich ist.

Auf dass wir an Gräbern stehen, traurig und dankbar zugleich,
weil wir alles gesagt haben, was uns wichtig war.

Auf dass wir im Herzen behalten, was sie uns bedeuten,
weil wir wissen, dass wir es ihnen gesagt haben.

Das wichtigste Möbelstück

Das wichtigste Möbelstück in unserem Haus ist der Küchentisch.
Ich liebe es, wenn er voll besetzt ist.

Wenn wir im ganzen Haus noch Stühle zusammentragen,
damit jeder einen Platz findet.

Ich liebe die Gespräche und das bunte Durcheinander.
Die Geräusche der blubbernden Kaffeemaschine im Hintergrund.

Das Geschirrklappern und die Geräusche, wenn die Kinder
Pfannkuchen und Schokocreme feiern.

Die vielen kleinen und großen Hände derer,
die hier miteinander essen.

Ich liebe es, wenn wir zusammen lachen und uns
lustige Geschichten erzählen.
Jeder aus seiner Welt.

Ich habe so oft den Eindruck, dass Jesus mit dabeisitzt.
Dass er uns aufmerksam zuhört und uns freundlich dabei ansieht.
Dass er uns segnet, wo wir teilen.
Dass er schallend lacht und sich seiner Tränen, wenn er mitweint,
nicht schämt.
Dass er uns miteinander verbindet.

*Ich glaube, dass der Küchentisch ein wirklich
heiliger Ort im Alltag ist.*

Dass wir nicht unterschätzen sollten, was hier geschieht.

Zwischen dem Schneiden von Paprika und Gurke neulich mit zwei
Herzensfreundinnen kullern plötzlich Tränen beim Erzählen eines
entmutigenden Erlebnisses. Und keine schämt sich dafür.
Eine kurze Umarmung und Blicke, die verstehen, dann geht es weiter
am Küchentisch des Lebens.

Ich feiere diesen Ort der Gemeinschaft.
Ich schätze ehrliche Gespräche und Menschen,
die ihr Herz öffnen, so sehr.
Ich genieße die Momente, in denen wir Leben teilen
und einander Heimat sind,
bevor wir wieder weiterwandern auf unserem Lebensweg.

Freundinnen und Herzensmenschen

Was wäre ich ohne euch Hoffnungsträgerinnen zum Anfassen?
Was wäre ich ohne eure Ermutigung,
ohne euer Sein in meinem Leben?
Ihr tretet durch meine Tür und Hoffnung zieht mit ein.
Echtes Lachen, viele Tassen Kaffee und Kuchenkrümel.
Leben teilen, Hoffnungskränze binden und das
Hier und Jetzt genießen.
Wirklich gesehen und verstanden werden.
Freude und Gönnen ohne Neid.
Reden, was wirklich auf dem Herzen liegt.
Beten, auch wenn eine nur schweigt.
Wie reich ich durch euch bin.

Wie oft habt ihr schon für mich gebetet, dass mein Glaube
nicht aufhört.
Dass der Sturm aufhört zu toben und dass Gott uns
durch das Alltagschaos trägt.
Wie oft habt ihr ganz praktisch Licht gebracht
mit einem Topf Suppe in Krankheitstagen,
mit lieben Zeilen auf einer Karte, mit einem Strauß Tulpen
in den Gummistiefeln der Kinder vor der Tür.
Ihr seht so oft das Wertvolle in mir, wenn ich unter mir leide.
Ihr seid die, die Gutes hinter meinem Rücken sprechen.
Euer Blick auf mir ist so anders als mein kritischer Blick in den Spiegel.
Geprägt von Liebe und Barmherzigkeit.
Ihr ermutigt mich, die zu sein, die ich bin.
Ihr feuert mich an, nicht aufzugeben in den Zeiten, in denen mir
die Puste ausgehen will.

Das ist konkrete Hoffnung.
Und du bist die Trägerin davon.

Danke!

—

Eine Freundin liebt allezeit.

nach Sprüche 17,17

Vom Segen der Gemeinschaft

Dietrich Bonhoeffer hat mal gesagt, dass der Christus im Herzen des Bruders oder der Schwester stärker ist als der im eigenen Herzen. Und gerade deshalb brauchen wir die Gemeinschaft mit anderen Menschen so sehr.

Ermutigt werden.
Den Austausch und das Gebet füreinander.
Gesegnet werden.
Brot und Wein teilen.

Darin liegt ein Geheimnis und eine große Kraft.
Nicht allein zu glauben,
Fragen zu stellen, manchmal zu zweifeln und gemeinsames Kopfschütteln.
Nicht allein, sondern gemeinsam.

Mal bin ich dabei die, die voller Hoffnung und Freude ist und das weitergeben kann.
Genauso oft bin ich auch die, die die glaubensvollen Worte der anderen aufsaugt und merkt, wie ich gestärkt und ermutigt werde.
Und das Beste: Diese Gemeinschaft ist überall möglich. Am Küchentisch, am Krankenbett, im Kinderzimmer zwischen Duplo und Autos und natürlich im Gottesdienst. Sie ist überall da möglich, wo sich zwei oder drei im Namen von Jesus treffen.
Sie lebt nicht von richtig und falsch, sondern von Menschen, die echt und ehrlich Glauben und Leben teilen.

Und ja, das Zweifeln gehört auch zur Gemeinschaft.

Genauso wie das Aushalten unterschiedlicher Standpunkte.
Gemeinschaft ist heilsam.
Manchmal sehr anstrengend und herausfordernd.
Gemeinschaft hat die Kraft, Leben zu verändern und letztlich die ganze Welt.

Tischgemeinschaft

Es berührt mich, dass Jesus echtes Leben geteilt hat.
Dass es die besten Gespräche bei Fisch und Brot gab.
Und dass er genau das mit seinen Freunden gemacht hat,
bevor sein Leidensweg begann.

Was für ein Bild, als er alle um sich scharte.
Seine Freunde und sogar den, der ihn später verraten würde.

Für mich ist das letzte Abendmahl von Jesus ein
ganz großes Vermächtnis.
Ein Statement gegen verkopften, starren Glauben.

Lebt in Gemeinschaft.
Esst und trinkt.
Schließt keinen aus.
Ja, haltet jeden aus.
Teilt euer Herz und eure Nöte.
Ermutigt euch gegenseitig.

Und seid euch sicher:
Wenn ihr das tut, bin ich mitten unter euch.

*So bekommen die Küchentische in unseren Häusern
eine ganz besondere Bedeutung.*

Dort teilen wir Leben, Brot, Lachen und Weinen.
Dort vergewissern wir uns, dass wir dazugehören
und nicht alleine sind.
Dort geben wir weiter.
Erzählen.
Teilen.
Dort erleben wir Heimat und Zugehörigkeit.
Und dort ist er dabei.

Zugvögel

Ich liege mit meinen Kindern auf dem Gartenboden.
Schon von weitem sind die Zugvögel zu hören.
Staunend beobachten wir, wie sie ihre besondere Formation
einnehmen.

Es sieht ein bisschen aus wie ein Pfeil. Mit einer Spitze
und 2 Seiten nach außen.

Es ist so spannend zu beobachten, wie sie ihren Platz
suchen und finden.
Warum machen sie das?
Woher wissen sie, welcher Platz der ihre ist?
Wie so oft stellen meine Kinder die guten Fragen,
die ich nicht beantworten kann,
sondern erstmal nachlesen muss.

Scheinbar ist es für sie Kräfte schonend, im Windschatten
des Vordervogels zu fliegen.
Wie genau sie dabei ihren Platz finden, ist nicht ganz sicher.
Sie nehmen einander wahr und fügen sich ein.
Das dauert manchmal eine Weile, aber sie finden ihren Platz.

In dieser Formation müssen sie lange Strecken schaffen
und zurücklegen.
Sie werden unglaubliche Kräfte für diesen Flug brauchen.
Und sie berücksichtigen die schwächeren Vögel,
nehmen sie in die Mitte.
Orientieren sich an deren Tempo.

Der vorderste Vogel ist der stärkste.
Er muss alles geben, damit der Rest ans Ziel kommt.
Ihm bläst der Gegenwind dauerhaft ins Gesicht.
Er stellt sich dem Wind und ermöglicht den anderen,
windfreier fliegen zu können.
Er ist stark.
Er schafft das.

Vielleicht kann das ein Bild christlicher Gemeinschaft sein,
denke ich immer noch im Gras liegend.
Einer fliegt im Windschatten des anderen.
Jeder an seinem Platz.
Vielleicht müssen wir uns mehr Raum geben, um unseren ganz
eigenen Platz zu finden.
Vielleicht gibt es noch viel mehr Vielfalt im Flug und am Platz
und trotzdem ein Ausgerichtetsein auf den,
auf dem unsere Hoffnung gegründet ist.

Ich träume davon.
Dass wir einander stärken.
Uns nach Kräften unterstützen.
Uns gegenseitig aus dem harten Gegenwind holen,
den das Leben manchmal bietet.
Ich wünsche mir, dass wir uns stärken.
Dass wir aufhören, egoistische Einzelflüge zu starten,
die wir nicht schaffen.
Dass wir neu lernen, eine Gemeinschaft zu sein.
Mit Blickrichtung nach vorne.

Dort fliegt der Anfänger und Vollender unseres Glaubens.

Der, von dessen Kraft alle zehren.
Er gibt die Richtung an und fliegt voraus.
Gibt alles, damit wir ankommen.

Und vielleicht wird am Ende nicht mehr entscheidend sein,
was wir Großartiges vollbracht haben.
Ob wir richtig geglaubt und verstanden haben.
Ob wir viel oder wenig bewegt haben.
Vielleicht wird am Ende Bedeutung haben, ob wir alle
am Ziel der Reise angekommen sind.
Uns gegenseitig durchgetragen haben.
Ob wir uns eingesetzt haben für die, die aus der Gemeinschaft
gedrängt wurden.
Ob wir anderen geholfen haben, ihren Platz zu finden,
vielleicht sogar in unserem Windschatten.

„So schön seht ihr aus …", sagt mein kleiner Sohn und ich denke:

Könnte das über unserer Gemeinschaft stehen?

Erdbeerfreude

Und jeden Tag wieder neu will ich Ausschau halten nach der Freundlichkeit Gottes in meinem Leben. Ich bete, dass es meine Lebenshaltung wird, das Gute zu suchen wie eine Schatzsucherin. Ich will jemand sein, die im größten Chaos noch das Leuchtende findet, das Ermutigende und Segnende.
Ich will Gott suchen – auch im Unperfekten und Unvollkommenen.

Manchmal finde ich die Freundlichkeit Gottes im vertrauten Gesicht einer Freundin, die an meiner Seite geht und mich versteht, manchmal auf einem Erdbeerfeld oder im Sommerregen.

Ich finde sie im gütigen Blick meines Mannes, der so oft die zweite Meile mit mir geht. Ich finde sie in warmer Suppe, in dampfendem Kaffee und in einem feuchten Kuss meiner Kinder. Sie ist zu finden in alten vertrauten Worten aus der Bibel, in Liedern, die mein Leben begleiten und im Abendsegen.

Die Freundlichkeit Gottes findet sich an allen Ecken und Enden, wenn wir verstehen, dass letztlich alles aus seiner Hand kommt. Er liebt es, Geschenke zu machen und er weiß, was ich gerade heute brauche.

—

Schmecket und sehet, wie freundlich der HERR ist.
Wohl dem, der auf ihn trauet!

Psalm 34,9

Vom Warten und vom Schneckenhaus

Das Leben eilt im Leben einer Großfamilienmama und trotzdem komme ich oft nur im Schneckentempo voran. Eine Spannung, die ich manchmal kaum aushalten kann. Sind wir unterwegs, wirft sich einer auf den Boden und will nicht mehr weiter. Dann stehen wir da und warten, bis der „Wutschub" vorbei ist und wir im Gänsemarsch wieder bis zur nächsten Pfütze laufen.
Unser Lauftempo gleicht manchmal eher einer Schnecke, aber dafür entdecken wir immer irgendwelche Schätze auf dem Weg:

leere Schneckenhäuser und kleine runde Steine.
Stöcke, Blumen, kleine Käfer und Erdklumpen.
Den Sperrmüll an der Straße.
Alles wird lupengenau untersucht und dann meist in der
Hosentasche nach Hause transportiert.
All das im „Zwei-Schritte-vor-und-drei-wieder-zurück"-Tempo.

Auf einer Postkarte las ich neulich:
„Nicht hetzen, auch die Schnecke kam in die Arche."
Ich musste schmunzeln.
Ja, mag sein, dass manche Wegstrecken sich ziehen
wie ein Kaugummi.
Aber das Ziel ist wichtig.
Der Ort, zu dem ich hinkommen möchte.
Und was wir unterwegs erleben, ist auch nicht unwichtig.
Und das möchte ich immer wieder in den Blick nehmen.
Im langsamen Unterwegssein gibt es viel zu entdecken.
Schätze, die ich in der Schnelligkeit übersehen hätte.
Natur, die dem Auge und der Seele so guttut.

Und solange ich auch in der Arche dabei sein darf,
bin ich auch gern eine Schnecke.

It's a part of it

Eine meiner Herzensfreundinnen lebt in einem weit entfernten Land und arbeitet für eine Hilfsorganisation. Die Begegnungen mit ihr sind wie ein Schatz in meinem Alltag. Erlebnisse, Begegnungen, Gerüche, Farben und Geschichten aus einer anderen Welt ziehen bei uns ein. Alle lauschen gespannt. Es ist der bitter nötige Blick über meinen Tellerrand und ich fühle mich jedes Mal gesegnet und bereichert, Zeit mit ihr zu verbringen. Es gibt noch mehr außer meiner kleinen Welt, die oft so groß erscheint. Und es tut meiner Welt so gut, von der großen weiten Welt da draußen zu hören.

Ein Satz, der in ihrem Leben „da draußen" von großer Bedeutung ist, ist nachhaltig bei mir hängengeblieben: „It's a part of it." Frei übersetzt könnte man sagen: „Es gehört dazu" oder „es ist ein Teil des Ganzen." Im Zusammenhang ging es darum, dass wir in unserem Leben oft Dinge negieren, die uns nicht in den Kram passen, statt sie einfach anzunehmen, wie sie sind. Sie selbst muss oft schmunzeln über die Verwendung des Satzes. Und doch prägt es ihre Haltung, wenn Dinge schiefgehen oder anders laufen als erwartet.

Vielleicht geht es im Leben genau darum, Dinge anzunehmen, die da sind, auch wenn sie unser Leben durcheinanderbringen und uns nicht gefallen.

Alles als einen Teil des Ganzen zu verstehen. Und dazu gehören auch Niederlagen, Tränen, Überforderung und Scheitern. It's a part of it.

Ich fühle mich etwas ertappt. Mein Leben gleicht oft einem wilden Wirbelwind mit einem schimpfenden Rohrspatz mittendrin – mich.
It's a part of it. Wie versöhnt dieser Satz doch klingt. Kein Kampf dagegen. Kein Motzen und Schimpfen, sondern akzeptieren, dass etwas anders läuft als gedacht. Kein innerliches Auflehnen, sondern tief durchatmen und sagen: „Ok., auch das scheint einfach zum Leben dazuzugehören."

Alles hat seine Zeit und unser Leben wird reich, wenn wir rückblickend sehen, was wir geschafft und bewältigt haben. Welche Haltung wir dabei einnehmen, ist wohl mehr als entscheidend.
Vielleicht würde es im Alltag helfen, bei Scherben und ausgeschütteten Müslischalen, nach Nächten von Magen-Darmkrankheiten, an Tagen, die einfach anders laufen, sich genau das klarzumachen.

It's a part of it.

Es gehört zum großen Ganzen dazu. Und das ist ok.
Ich wünsche mir ein kleines bisschen mehr von dieser Haltung.

Segne mich!

Ich mag das alte Gebet des Jabez aus dem Alten Testament.
Es heißt: „Segne mich und erweitere mein Gebiet!"
Gesegnet werden will doch jeder.
Etwas Gutes empfangen.
Wir wünschen uns Segen, gute Zeiten und volle Körbe.
Wir wollen Glück und kein Leid.
Ruhe und nicht den Konflikt oder Kampf.
Während unseres Hausbaus, den komplizierten Schwangerschaften
und in anderen Herausforderungen meines Lebens habe ich oft
an diesen Vers gedacht.

Wer hätte gedacht, dass wir handwerklich völlig unbegabte Menschen mal Steine mörteln, Wände spachteln, eine komplette Hausfassade dreimal streichen? Wer hätte gedacht, dass ich mal zur italienischen Mutti mutiere und für viele Menschen Mittagessen koche, mit einem Baby, das gerade geboren ist, um mich gebunden? Niemals hätte ich geglaubt, dass wir es schaffen, uns durch soviel Schreibkram und Hürden durchzubeißen. Was haben wir gekämpft, geweint und oft gedacht, wir schaffen das nicht.

Wir beten manchmal fröhlich Sätze und wollen das Schöne, das Leichte und beides am besten ohne den manchmal kräfteraubenden, mühsamen Weg dahin.
Könnte aber genau das ein Teil des Segens sein?
Was ist, wenn Segen auch bedeutet, dass Gott mir zutraut, zu kämpfen, mir auch mit Schweiß und Spucke neue Eigenschaften zu erwerben?
Könnte es sein, dass Gott gerade auf solchen Wegen unsere Gebiete erweitert? Und dass er am Wegesrand steht und dich und mich anfeuert und sagt: „Du wirst es schaffen!"

Es könnte sein,
dass er dich segnet mit Kräften, von denen du nie etwas geahnt hast,
dass er will, dass du Neues lernst und über dich hinauswächst,
dass er mit dir Gipfel erklimmt und du merkst,
der Weg hat sich gelohnt.

Ich glaube fest, dass Gott dabei ist, uns zu segnen und unser Gebiet zu erweitern. Er wird dabei nicht von unserer Seite weichen und du wirst zurückschauen und sehen, was in deinem Leben gewachsen ist. Seine Handschrift wird zu erkennen sein in deinem Tun, wenn du ihn lässt.

Konkret heißt das für mich, dass ich mich mit meinem Leben und Tun vertrauensvoll in seine Hände lege. Dass ich ihn bitte, mich zu begleiten in den herausfordernden Situationen meines Lebens. Dass ich versuche, ehrlich zuzugeben, an welchen Stellen ich Hilfe brauche. Und dass ich dann mutig losgehe und nicht warte, dass Gott schon alles für mich löst. Er ist in allem und er traut mir jede Menge zu – mehr als ich glaube.
Letztlich merke ich dann oft im Rückblick, dass ich Kräfte bekam, als ich sie brauchte. Dass mir geholfen wurde und dass ich einen Ort hatte, an dem ich wieder auf die Füße kam in völlig erschöpften Momenten. Heute laufe ich manchmal schmunzelnd um unser Haus, sehe die leicht schiefen Wegbegrenzungen, die wir im Schweiße unseres Angesichtes gelegentlich schimpfend legten. Und es ist mir heute manchmal so, als würde Gott zwinkern und sagen:

„Siehste, das habt ihr geschafft."

Und wenn wir wie Jabez beten: Erweitere mein Gebiet – segne mich, dann kann es sein, dass Gott dir Dinge zutraut, von denen du nicht zu träumen wagtest. Diese Erweiterung fliegt dann meistens nicht einfach so vorbei. Sie kommt auch nicht ohne Schweiß und Tränen, Anstrengung und Investition aus. Aber du wirst wachsen, reifen und lernen.

Erweitere fröhlich dein Gebiet, deine Fähigkeiten und Begabungen.
Gott segnet dich dabei!
Gott segne dich – er erweitere dein Gebiet.
Er gebe dir die Kraft und das Durchhaltevermögen dafür.
Auf dass deine Füße dann auf weitem Land stehen und du staunend und dankbar sehen kannst, was gewachsen ist.

Abendstunden

Ich liebe die Abendstunden.
Wenn alles stiller wird und der Tag sich dem Ende zuneigt.
Ich mag es, wenn die Bäume lange Schatten werfen und die untergehende Sonne die Welt in ein goldenes Licht taucht.
Die Vögel geben noch ihr letztes Konzert und dann kommt die Nacht mit ihrer Stille und Dunkelheit.
Ich mag die kühle Abendluft und den Duft des Sommers, der durch das Fenster strömt.
Als Kind haben mich manchmal Ängste eingeholt. Irgendein Licht musste immer brennen und die Tür einen Spalt weit offen sein.
So gerne hörte ich dann noch dem Klappern des Geschirrs in der Küche zu und den Geräuschen im Haus. Den vertrauten Stimmen, die mein Zuhause waren.
Heute, viele Jahre später, empfinde ich diese Abendzeit immer noch als besonders.
Meine Kinder kriechen nochmal auf meinen Schoß und holen sich die Nähe ab, die sie brauchen. Sogar meine wilden Jungs, die keine Sekunde am Tag auf meinem Schoß sitzen bleiben, legen dann ihre Köpfe auf meine Schulter. Wie ich das genieße!
Wir beten und singen und bitten unseren Papa im Himmel, gut auf uns und die, die wir liebhaben, aufzupassen. Wir danken ihm für all das Gute, das wir an diesem Tag erleben durften.
Wenn meine Kinder schlafen, nehme auch ich mir einen Moment, mit dem Papa im Himmel zu reden.

Es sind kostbare Momente in meinem oft so wilden Tag.

Ich schütte mein Herz bei ihm aus.
Ich rede mit ihm über meine Ängste und Fragen.
Ich danke ihm für einen weiteren Tag auf dieser Erde.
Ich darf ganz ehrlich vor ihm sein.
Er kennt mich – durch und durch. Das zu wissen, bringt mein Herz zur Ruhe.
Er ist mein Zuhause und es ist so gut, dass er mich und diese ganze Welt in seinen Händen hält.

Lass los!

Die Große lernt das Fahrradfahren und mein Mama-Herz
ist dabei ganz bei ihr.
Da ist dieser wichtige Moment des Loslassens und Lostretens,
der gewagt werden muss.
Erst dann merkt sie, wie sie allein fahren kann. Lostreten und dann
fahren. Es berührt mich zu sehen, wie glücklich sie jedes Mal ist,
wenn das gelingt.
Wieder ein Meilenstein. Einer von so vielen im Leben.
Und wieder in ihrem Tempo. Wir begleiten sie dabei.

„Lass los!", sagt uns oft auch unser Papa im Himmel.
Wenn wir krampfhaft festhalten und meinen,
dadurch voranzukommen.
Wenn wir uns festbeißen und gewöhnen an Zustände,
die nicht gut für uns sind.
„Lass los!", sagt der, der schon weiß, wie glücklich du sein wirst,
wenn der Fahrtwind dir um die Nase weht.

„Lass los!", denn da wartet noch mehr, als du dir gerade vorstellen kannst.

Was hindert uns am Loslassen?
Vielleicht die Angst, die sagt, dass du es nicht schaffst?
Oder schlechte Erfahrungen vom Stürzen und Scheitern. Oder auch
die Gewohnheit, die sagt, das passt schon so?
Aber weißt du was? Genauso wie der Papa hinter unserer Großen
herrennt, rennt auch dein Papa im Himmel mit und feuert dich von
hinten an. Er wird dich beim Loslassen nicht aus den Augen lassen.

Aber loslassen musst du selbst.

LET OUR lives
Be Full of
Thanks and Giving

Thanks and giving

Ich glaube, es gibt einen Zusammenhang zwischen echter Dankbarkeit und dem Weitergeben, dem Verschenken von Gutem.

Bin ich fokussiert auf den Mangel in meinem Leben, werde ich nicht den Eindruck haben, etwas zu haben, das ich verschenken kann.

Erkenne ich, wie reich ich bin, kann ich diesen Reichtum teilen.
Ich glaube, du und ich, wir sind reich Gesegnete.
Mit Talenten, mit Gaben, mit Schönheit und auch vielen Ressourcen.
So oft lassen wir uns das rauben und sehen es einfach nicht.
Vergleichen uns mit anderen und meinen dann,
schlechter abzuschneiden.

Mach dir doch heute mal bewusst, was du alles hast.
Womit du beschenkt bist.
Und dann fang an zu teilen.

Das Wunder des Teilens ist oft, dass es uns nicht ärmer, sondern reicher zurücklässt.

Und so möchte ich Gott bitten:
Lass mein Leben überfließen mit echter Dankbarkeit und weitergeben, was ich von dir geschenkt bekommen habe.

Tage mit Goldrand

Es gibt diese Tage, die man am liebsten anhalten möchte,
weil sie so wunderbar sind.
Die Stunden verfliegen, ohne dass jemand angestrengt
auf die Uhr sieht.
Reden.
Kaffee trinken.
Zuhören und nachfragen.
Schokolade und Kuchen.
Vom Herzen her verstanden werden.
Weinen und Lachen.
Lautes Lachen.
Leben teilen mit dem, was gerade ist.
Sich keine Gedanken darüber machen, wie Sätze formuliert werden.
Ehrlich sein.

*Wenn es im Himmel nur ein bisschen so sein wird,
werde ich mich sehr darauf freuen.*

Gemeinschaft mit Gott und Menschen.
Ich bin mir sicher, dass er mit am Tisch sitzt.
Essen und Freude.
Siege feiern und Niederlagen betrauern.
Lachen, lautes Lachen.
Trost und Hoffnung.

Tage mit Goldrand, jetzt schon und irgendwann für immer.

Hoffen über Grenzen hinweg

Grenzkind

„Großer Gott, wir loben dich.
Herr, wir preisen deine Stärke …"

Nie werde ich vergessen, wie ich als kleines Mädchen an der offenen Grenze stand und Posaunen dieses alte Lied spielten. Auf ein buntes Plakat schrieb ich damals mit krakeliger Schrift: „Willkommen in Westdeutschland" und verteilte Bonbons aus meiner Sammlung. Menschen lagen sich in den Armen, Tränen wurden vergossen und ich konnte die Menschen hinter dieser Mauer endlich von Angesicht zu Angesicht sehen. Wir konnten „die da drüben" live und in Farbe sehen.

Es gab auch die, die sich noch nicht trauten, sich zu freuen, die Angst hatten, dass das alles gar nicht wirklich passiert. Ich kenne Menschen, die sich noch Jahre danach nicht wirklich nach Ostdeutschland trauten, weil sie die Sorge hatten, dass sich die Grenze wieder schließt.
Nie werde ich vergessen, wie schrecklich Stacheldraht aussieht und wie furchtbar es ist, Angst zu haben. Das Kläffen der Grenzhunde und die vielen Verbotsschilder und Orte, die wir als Kinder schon beachten lernten, um nicht in Gefahr zu geraten.
Nie werde ich den Geruch von Braunkohle vergessen und die vielen Geschichten, die ich von Menschen aus der ehemaligen DDR gehört habe. Nie werde ich das Geräusch der Trabanten überhören, die wie eine Schlange durch unseren Ort zogen. Und Kofferräume voller Bananen. Nie werde ich die Nacht vergessen, in der mein Vater fremde Menschen zu uns nach Hause brachte, weil sie es nicht mehr nach Hause schafften. Nie werde ich begreifen, wie es so weit kommen konnte, dass Menschen so grausam voneinander getrennt wurden.
Meinen Kindern erzähle ich heute von Mauern und von dem Gott, der Unmögliches möglich machen kann.
Sie sollen wissen, was damals passiert ist und was viel zu schnell in Vergessenheit gerät. Ich will, dass sie diese Hoffnungsgeschichte ganz genau verstehen.

Und so bauen wir eine Mauer aus Bauklötzen
und werfen sie mit lautem Gebrüll ein.

Ich möchte achtsam mit meinen Gedanken und Haltungen sein.
Ich möchte jemand sein, die mithilft, Mauern abzutragen und die sich
selbst schnell entlarven kann, wenn ich in der Gefahr stehe,
welche zu bauen. So schnell kann das gehen.

*In uns scheint irgendwie ein regelrechtes „Mauer-Gen“
zu sein. Heute mehr denn je.*

Da geht es nicht mehr um die äußeren Mauern, aber um die inneren,
die Menschen voneinander trennen wollen.
Danke, Gott, für den 9. November 1989!
Auf noch viele weitere Wunder, die Grenzen öffnen.

Das Unfertige

Seit ich Mama bin, gibt es angefangene und unfertige Dinge zuhauf.
Das halb beklebte Fotoalbum.
Das Päckchen, das ich schon lange verschicken wollte.
Die Liste mit Namen von Menschen, die ich gerne mal wieder einladen wollte, es aber nicht schaffe.
Die Kiste mit Krimskrams, die im Flur steht und sich einfach nicht von allein wegräumt.
Je älter ich werde, desto bewusster nehme ich aber auch wahr, was auf Beziehungsebene nicht fertig wird.
Die Macken, an denen ich leide. Bei mir und anderen.
Die eingefahrenen Verhaltensmuster.
Wie schwer es doch manchmal ist, sich zu entschuldigen und aufzuhören, nur den eigenen Standpunkt zu sehen.
Die Bereiche meines Charakters, die einer Veränderung bedürfen.

Buß- und Bettag: ein Feiertag am Rand.

Und doch steckt so viel Wertvolles in ihm.
Eine Einladung, mein Herz und Leben Gott hinzuhalten.
Ihm die unfertigen Dinge zu bringen, unter denen ich leide.
Das Wissen, dass mich ein gnädiger Gott erwartet.
Einer, der mich gern befreit.
Einer, der sieht, versteht und mich und meinen manchmal harten Kern liebt.
Ein Gott der Neuanfänge, der zweiten Chancen.
Einer, der keine Angst vor Schutt und Asche hat.
Einer, der mitanpackt und mich auch verdreckt in den Arm nimmt.
Eines der stärksten Bilder für Gott ist für mich der Vater, der den heimkehrenden Sohn, dem so viel schiefgegangen ist, in den Arm nimmt und wieder willkommen heißt. Ein Vater, der gerne Wiedersehensfeste feiert und neue Kleider mag.
Einer, der nicht nachträgt, sondern neu anfängt.
Das ist Buß- und Bettag.
Ein fröhlicher Befreiungstag der Gnade Gottes.
Ein Festtag der zweiten Chancen.
Ein Wiedersehenstag mit Gott.

Engel auf dem Weg

Um ihr Leben zu retten, floh sie Hals über Kopf
aus ihrem geliebten Land.
Bomben fielen über Nacht und zerstörten alles,
was ihr lieb und teuer war.
Nach einer abenteuerlichen, gefährlichen Flucht landete sie
in einem fremden Land. Fremde Sprache, fremde Kultur –
alles so anders als daheim.
Sie war tief im Schock über das Gesehene und Erlebte.
Und dann beschloss sie, das Leben weiterzuleben.
Denn wer überlebt hat, muss das tun, sagt sie.
Sie will das neue Land kennenlernen.
Sie fängt an, Deutsch zu lernen und sich auf die Suche
nach einem größeren Sinn zu machen.
Gleichzeitig brechen ihr die Nachrichten aus der Heimat,
in der ein Teil ihrer Lieben zurückblieben, das Herz.

So trat Luba in unser Leben.
Und es passierte etwas Wundersames.
Unsere Kinder liebten sie vom ersten Augenblick an. Riefen laut ihren
Namen, wenn sie aus dem Kindergarten kamen. Kritzelten Bilder
für sie und schenkten ihr ihr breitestes Grinsen.

Da stand eine eigentlich trennende Sprache zwischen uns, aber Umarmungen und Kinderküsse sprechen eine lautere Sprache.

Und Luba verschenkte ihr Herz – sie kuschelte den Kleinen und sang ihm russische Lieder vor. Sie erzählte unserer Großen, wie man die Worte ihrer Heimat ausspricht. Sie backte Kuchen, so viel Kuchen. Und jeder Krümel wurde gefeiert. Von dem Wenigen, was sie hatte, teilte sie und brachte uns so oft etwas mit. Sie half uns praktisch im Alltag. Putzte, wie ich noch nie im Leben jemanden habe putzen sehen. Oft sagte ich zu ihr, dass sie ruhig langsamer machen könne. Und sie antwortete: „Es hilft mir zu vergessen."

Die Verständigung war nicht leicht und der Google-Übersetzer machte auch oft, was er wollte. Aber wir haben gegenseitig etwas in unseren Gesichtern gesehen. Verständnis und echte Wertschätzung.
So oft habe ich mich entschuldigt, wie schlimm es bei uns aussieht. Und sie sah mich an und sagte: „Nein!"
Eines Tages schrieb sie: „Ihr helft mir, die schwerste Zeit meines Lebens auszuhalten." Und ich war so beschämt, weil sie es war, die uns half. Beschenkte mit ihrem Dasein. Sie füllte eine Lücke, die wir als Familie so oft spürten. Und ihr Blick sagte oft so viel mehr als tausend Worte: „Du bist eine gute Mama, du machst es wirklich gut."
Und dann kam der Tag, an dem sie sich entschied weiterzuziehen, zur Familie in einem anderen Land. Ich saß schluchzend auf dem Sofa. Wusste, dass wir sie ziehen lassen mussten und wollte mich doch auch freuen, dass sie bei einem Teil ihrer Lieben leben konnte.
Mir war so deutlich bewusst, dass Gott uns für eine herausfordernde Zeit in unserer Familie einen Engel auf dem Weg geschenkt hatte. Dass er aus einer wirklich schlimmen Situation, die niemals gut zu reden ist, etwas Tröstliches gemacht hat.

Daheim

Vor einigen Jahren, während meiner Ausbildung, trieb mich
die Frage, was eigentlich nach dem Tod kommt, sehr um.
Ein Mitstudent war sehr krank und die Frage nach dem Danach
war plötzlich sehr nah.
So greifbar.
Er war jung genau wie ich damals.
Zum ersten Mal dämmerte mir, dass ich hier wirklich
nur zu Besuch war.
Dass dieses Leben nicht für immer blieb.
Dass ich ganz schön wenig Konkretes über den Himmel wusste.
Und so suchte ich Antworten auf meine Frage nach dem Danach.
Wie wird der Himmel sein?
Was wissen wir verlässlich über das Danach?
Was finde ich in der Bibel zu all meinen Fragen?
Wie so oft verlor ich mich im Hölzchen und Stöckchen-Denken
und kam nicht recht weiter.
Ist da nicht so viel, das wir nicht wissen?
Schließlich ist ja noch niemand nach dem Tod zurückgekommen.
Ich spürte Beklemmung angesichts all meines Nicht-Wissens.
Ich beschloss, an die frische Luft zu gehen und spazierte über den
Friedhof direkt neben der Schule.
Auf einem Grab stand in schlichter goldener Schrift: DAHEIM
und der Name einer Person darunter.
Ich war wie vom Donner gerührt.
Es war, als hätte Gott mir geantwortet:

„Du wirst daheim sein.
Ich werde da sein.
Es wird gut sein.
Du wirst geborgen sein.
So sehr, wie du es dir jetzt noch nicht vorstellen kannst.
Es wird warm sein und gemütlich.
Ich mache für dich das Licht an.
Du wirst heil sein, vollkommen.
Du wirst erwartet.

Es wird keine Tränen mehr geben.
Kein Leid.
Kein Vermissen.
Hab keine Angst.
Ich werde da sein und alles, aber auch wirklich alles wird gut sein."

Tränen liefen über mein Gesicht.

Ich hatte immer noch nicht alle theologischen Fragen beantwortet.

Aber mein Herz wusste alles, was es wissen musste.

Seitdem weiß ich ganz genau, was auf meinem Grabstein stehen wird:

Dorothea Bronsema

DAHEIM

Teilen

Die Kinder sind im St. Martin-Fieber. Laternen und Lichter überall.
Wir lesen die alte Geschichte des Teilens und Weggebens.
Nach einem Gespräch mit einer Freundin denke ich ebenfalls
über das Teilen nach.

Sie sagt: „Ich habe gerade nichts zu geben.
Ich bin so ausgebrannt und leer."
Wie gut ich das nachvollziehen und verstehen kann.
Wie wertvoll die ehrlichen Gespräche, die ins Herz blicken lassen.
Ich bin berührt von ihrer Ehrlichkeit. Sie hat mein Herz erreicht.

Im Nachhinein denke ich:
Vielleicht ist es genau das, was wir teilen müssen.
Unser Herz mit allem, was gerade darin zu finden ist.
Vielleicht würden wir manchmal mehr bewegen, als wir denken.
Vielleicht geht es gar nicht immer darum, aus Reichtum
und Fülle zu teilen.
Sondern auch um das Mitteilen von Schmerz, Fragen und
Herausforderungen des Lebens.
Vielleicht würden wir dadurch reich und unsere Herzen
kämen einander näher.
Vielleicht würden wir die Kraft von Gemeinschaft mehr erleben
und den, der in den Schwachen mächtig ist.

Vielleicht begegnet Gott uns genau da, wo wir teilen.

Ich will dich und mich ermutigen, zu teilen, was wir haben,
ohne zu glauben, dass es unbedeutend und klein ist.
Wer teilt, wird reich.

Kindheitserinnerungen und die Leerstelle im Kirchenjahr

Ich bin ein Pfarrerskind.
Aufgewachsen an einem Ort, an dem der Glaube etwas recht Alltägliches und Natürliches war.
Der warme Wollteppich vor dem Altar der oft kalten Kirche war auch Spielfläche, die Kirche unser zweites Zuhause.

Selbst der Friedhof, neben dem wir wohnten, gehörte zum normalen Leben und das „Verwerflichste", das ich als Kind wohl jemals getan habe, war eine Schnitzeljagd zwischen den Gräbern zu veranstalten.

Heute bin ich so dankbar für den Glauben, den ich bereits als Kind erleben durfte.
Ich bin dankbar für eine lebendige Beziehung zu Jesus und dankbar für den Schatz, den das Kirchenjahr in sich trägt.

Immer wieder bin ich berührt davon, dass dort alles Raum hat.
Die Freude, die Trauer, das Jubeln und das Schweigen.
Der Sieg und die Niederlage.
Der Glaube und das Zweifeln.
Alles hat seinen Platz.
Glaube ist vielseitig und vielschichtig und einer hält alles zusammen.
Einer ist das Zentrum der Geschichte.
Er hält die ganze Welt in seiner Hand.
Er schließt den Kreis.
Der November neigt sich dem Ende zu.
Die Blätter fallen von den Bäumen.
Heute denken wir an die, die „vorausgegangen" sind.
Die wir schmerzlich vermissen.
Es ist der letzte Sonntag im Kirchenjahr.
Am Wochenende habe ich die Herbst-Deko weggeräumt.
Plötzlich war alles so leer.

Am liebsten hätte ich schnell all die Weihnachtskisten
vom Dachboden geholt.

*Aber dann dachte ich, wie gut diese Leere
am Ende eines Kirchenjahres ist.*

Wie gut, dass wir leer werden.
Wie gut, dass wir merken, was uns fehlt.
Wie gut, dass wir offen werden.
Bedürftig.
Bereit.
Sehnsüchtig.
Wartend.
Auf das, was uns erwartet.
Ich glaube, wer diese Leere aushält, wird beschenkt.
Und so entscheide ich Deko-Liebende bewusst,
es noch etwas leer zu lassen.
Halte Gott meine leeren Hände hin.
Und freu' mich wie ein kleines Kind auf das Licht, das kommen wird.
Auf den Anfänger und Vollender meines Glaubens.
Auf den, bei dem alles seinen Platz hat.
Auf den, der hier ist und der da sein wird, wenn wir umziehen
ins ewige Zuhause.
Er kommt gerne in leere Zimmer und macht es hell und gemütlich.
Tröstet die Traurigen und Verzweifelten.
Die Vermissenden.
Die Heimatlosen.
Die Verwundeten.
Die Kriegsverschreckten.
Er kommt gern dahin, wo ihm Platz gemacht wird.

Sonntagsgebet

Lehre mich das SEIN.
Das einfache Sein, ohne innere Listen und Dauerantreiber.
Lehre mich, den Moment zu genießen,
das Vogelkonzert,
die Tasse Kaffee im Garten und das ausgelassene Kinderlachen.

Wärme mich mit deiner Liebe, während ich
mein Gesicht in die Sonne halte.
Fülle meinen Becher neu mit frischem Lebenswasser.
Fülle mich mit Hoffnung, Kraft und Lebensfreude.
Stärke mein Herz, damit es in deinem Takt schlägt
und nicht unruhig in mir pocht.
Belebe die Herzensmelodie, die du in mich gelegt hast.
Vertreibe die Räuber, die Gutes nehmen und mich
ins schlechte Licht rücken.
Lehre mich den Weg der kleinen achtsamen Schritte.

*Lass mich Schönes entdecken, auch im
scheinbar Hässlichen.*

Danke für Sonntage und all die Geschenke,
die an diesem Tag auf mich warten.

Du gibst Rückenwind für alles, was an Montagen wartet.

Danke!

Hoffnung,
weil es
hell wird

Adventssegen

Sei gesegnet mit Licht und Hoffnung.
Licht, das deine Dunkelheit erhellt.
Licht, das Dein Herz wärmt.
Licht, das dein Gesicht strahlen lässt.
Hoffnung, dass es nicht so bleibt, wie es ist.
Hoffnung auf ein Morgen voller Zukunft.
Hoffnung, dass dieser Advent wirklich etwas bewegt.

Sei gesegnet mit der Sehnsucht, zu suchen und gefunden zu werden.
Mit Glauben, der Berge versetzen kann.
Und mit heiliger Unzufriedenheit, wo sich Trägheit breit gemacht hat.

Mache dich auf und werde Licht.
Denn dein Licht kommt.

Sei gesegnet mit Liebe, die alle Schatten zudeckt.
Mit Angenommen- und Verstandensein.

Sei gesegnet mit einem gnädigen Blick in den Spiegel.

Und mit Gottes Sicht auf dich und dein Leben.

Mache dich auf und werde Licht. Denn dein Licht kommt.

Sei gesegnet mit Kraft, das Sofa zu verlassen und aktiv zu werden,
Not zu sehen und zu lindern.
Sei gesegnet mit Gewissheit, dass du einen
Unterschied machen kannst.
Dass du begabt bist und dass deine Stimme gehört werden muss.

Mache dich auf und werde Licht. Denn dein Licht kommt.
Dein Licht kommt. Dieses Licht wird dir Kraft geben, ein Licht zu sein.

Die, die wir sind

In der Weihnachtszeit denke ich oft darüber nach, welche Schätze bereits in der Kindheit in mein Leben gelegt wurden.
Ich bin so dankbar dafür, ins Leben geliebt worden zu sein und weiß heute sehr zu schätzen, wie meine Kindheit gewesen ist.
Ich erinnere mich an viele glückliche Momente. Ich wurde in den Arm genommen. Zu Hause war ein warmer Schutzort, der mir geholfen hat, „da draußen" so manches zu schaffen und auszuhalten.
An Weihnachten reden wir oft von den schönen Geschichten und ich bin dankbar, auch heute noch gerne nach Hause zu kommen.
Ich weiß, wie schwer Menschen an Kindheitsverletzungen zu tragen haben. Wie stark sie gegen negative Sätze kämpfen müssen, die über ihnen ausgesprochen wurden. Die Weihnachtszeit ist dann eine Zeit voller schmerzhafter Erinnerungen.

Heute sah ich mein Kind im Haus meiner Eltern glückselig
auf der Küchenbank sitzen und das Weihnachtswunderland
meiner Mama betrachten.
Und mir wurde wieder neu bewusst, dass ich es bin,
die jetzt Kindheit prägt.
Ich bin es, die in den Arm nehmen, die aber auch
„entschuldige bitte" sagen darf.
Ich bin es, die Rituale einführt, die mein Kind wahrscheinlich auch
in vielen Jahren an Weihnachten wiederholen wird.

Ich bin es, die gute Worte aussprechen und vom Vater im Himmel erzählen darf, der die größte Liebe besitzt, die wir je erleben können.

Das ist Freude und große Verantwortung.
Manchmal erzeugt das auch Druck, es richtig machen zu wollen,
und oft erlebe ich dort meine eigene Begrenzung.
In diesen Momenten habe ich manchmal das Gefühl,
dass Jesus hinter mir steht und sagt:

„Ich war in deiner Kindheit und ich bin auch in ihrer. Ich bin der, der Verletzungen heilt, die in jeder Kindheit passieren und ich bin der, der dein Mama-Herz füllen wird. Ich bin da. Weihnachten, die Zeit der Kindheitserinnerungen kann schön und schmerzlich sein und auch dafür bin ich gekommen. Um heil zu machen, Frieden zu schenken. Neuanfänge zu ermöglichen."

Und dann stehe ich eine Minute still und freu' mich an diesem Moment und an all dem Guten, das ich als Kind erleben durfte. Und bete, dass Jesus heilt, was Menschen an Verletzungen ihrer Kindheit mit sich tragen.

Krippe am großen Parkplatz

Jedes Jahr im November lese ich all die großartigen Artikel
über Entschleunigung im Advent.
All die Tipps, wie das Leben mit Kindern im Advent besinnlich
und wunderbar wird.
Ich nehme mir das eine oder andere vor, schon wissend,
dass es schwer wird, das in die Tat umzusetzen.
Ich atme tief durch.
Doch das Leben tobt. Eigentlich immer.
Der Advent mit all dem Schönen nimmt Fahrt auf.
Die Kinder sind aus dem Häuschen – im wahrsten Sinne des Wortes.
Und wie immer passieren diese vielen ungeplanten Dinge.
Konfetti im Alltag.
Dinge, die auf uns einprasseln. Ungefragt.
Am liebsten würde ich aus dem Alltagsschnellzug in eine
gemütliche Bummelbahn umsteigen.
Aus dem Fenster schauen und den Schnee betrachten.
Eine Kerze anzünden und allein eine Tasse Tee trinken.
Aber er fährt schon. Der ICE mit all meinen Lieben darin.
Und mit mir natürlich.
Mein Großer baut seine Weihnachtskrippe auf und ich muss lachen.
Großparkplatz an der Krippe mit all seinen Autos. Ein Riesenrummel
voller Autos und Männchen und mittendrin fein säuberlich
die Krippe, mit allem, was dazugehört.
Und es kommt mir so vor, als würde Jesus sagen:

Keine Sorge.
Ich komme nicht nur zu denen, die den Advent
besinnlich verbringen.
Zu denen, die es geschafft haben, zu entschleunigen.
Ich komme dahin, wo du bist.

Ich komme auch zum Großparkplatz.

Ich sehe dich in deinem Kleinkindergewusel.
Ich sehe deine Müdigkeit und auch den Frust.
Die Sehnsucht nach Pause.

Ich bin da in allem.
Richte deinen Blick auf mich.
Auf die Krippe.
Liebe kommt herab.
Ich bin da.

Auf der Suche nach Weihnachten

Es war der Nachmittag an Heiligabend und Jesus war verschwunden.

Also der Jesus aus unserer Krippe. Unsere Große hatte ihn zum Spielen mit in ihr Zimmer genommen.
Und plötzlich war er weg. Die ganze Familie suchte kreuz und quer durch Spielzeugkisten, in Kleiderschränken, unter Teppichen und im Geschirrschrank. Alle halfen mit und eine gewisse Panik breitete sich aus, dass die Hauptperson ausgerechnet heute nicht aufzufinden schien.

Unsere Große fragte irgendwann ganz verzweifelt,
ob wir auch ohne Jesus feiern würden.
Ich musste schmunzeln.

Letztlich fanden wir Jesus in der Babybadewanne.

Vielleicht wollte er sich noch ein bisschen schön machen für das große Fest. Ihr könnt euch nicht vorstellen, wie glücklich und erleichtert unser Kind Jesus vorsichtig in die Krippe unter den Tannenbaum legte.

Das Erlebte berührt mich.
Ich will mich auch auf die Suche machen.
Jesus immer wieder neu zu finden.
Vielleicht auch an ungewöhnlichen Orten.
Ich will nicht gleich aufgeben, wenn es etwas Zeit braucht.
Ich will meinen Weg finden, ihm zu begegnen
und mich nicht ablenken lassen.
Und ich will mich dann so freuen wie unsere Große,
als sie Jesus gefunden hatte.
Ich will erwarten, dass ich ihn finde.
Gott hat mal gesagt, dass jeder, der ihn sucht, ihn auch finden wird.
Und dass er niemanden, der anklopft, vor der Tür stehen lassen wird.

Auf dass wir genau das erleben an Weihnachten!
Einen Gott, der sich finden lässt und der all seine Türen weit öffnet,
damit wir bei ihm sein können.

Visst kan Lotta nästan allting

Was liegt unter deinem Baum?

Ich habe gestern in einer Zeitung gelesen, dass bei den Deutschen
in diesem Jahr viel Angst und Sorge unter dem Weihnachtsbaum
liegen. Auch dass viele unzufrieden und gestresst sind.
Was liegt bei dir unter dem Baum?
Welche Gefühle und Gedanken hast du?
Ich musste an einen Vers aus der Bibel denken, in dem es heißt:
Mehr als alles hüte dein Herz, denn aus ihm kommt das Leben.

Das heißt für mich, dass ich Einfluss habe auf das,
was in meinen Gedanken vorherrscht.
Dass ich wählen und entscheiden kann, womit ich
meine Gedanken fülle.
Und dass ich das unbedingt tun sollte.

So vieles will ausgepackt werden. So viele Nachrichten
und Informationen strömen auf uns ein.
Aber ich darf auch sagen:
Nein, das werde ich nicht auspacken.
Damit werde ich mich jetzt nicht beschäftigen.
Ich werde mich um Dinge drehen, die dem Leben dienen,
denn darauf habe ich Einfluss.

Lasst uns diese Tage nutzen, um unseren und anderen Herzen
Gutes zuzurufen.
Lasst uns unsere Herzen füllen mit Hoffnung, Freude, Gemeinschaft.
Lasst uns Geschenke feiern, die das Leben und den Schöpfer ehren.
Und lasst uns laute, kreischende, scheinbar schimmernde Geschenke
doch einfach liegen lassen.

Und wenn dein Herz schwer und voller Sorge ist,
schütte es an der Krippe aus.

Dort werden schon seit über zweitausend Jahren
Herzen völlig verändert.

Fröhliche Weihnachten!

Ganz nah dran

Die zwei Frühaufsteher sind beschäftigt, die Krippe einzurichten.
Mit einem Kaffee in der Hand betrachte ich das muntere Treiben
unter dem Tannenbaum.
Unser Mittlerer kriecht dabei fast in die Krippe hinein.
So nah ran wie möglich.
So viel sehen, wie es geht.
Nix verpassen.
Mittendrin im Geschehen.
Ich muss schmunzeln.

Das wünsche ich dir und mir.

Dass wir nah rangehen und nicht schüchtern, traurig und hoffnungslos in der Ferne stehen bleiben.

Keine Beobachter aus der Ferne.
Nah rangehen mit unseren Fragen.
Nah rangehen, um ihn besser sehen zu können.
Nah rangehen mit allen Nöten, unserem Herz und unserer
momentanen Situation.

Und dann plötzlich sehen und spüren. Die Krippe wird lebendig.
Die Geschichte von damals hat etwas mit mir zu tun.
Da kam Gott und wurde Mensch.
Für mich.
Um mir zu begegnen.
Mich zu lieben.
Mir nahe zu sein und alles neu zu machen.
An der Krippe ist Hoffnung, Befreiung, Veränderung
für jeden, der möchte.
Ich lade dich ein: Geh nah ran.

Mein schönstes Wimmelbuch
NIKOLAUS
Astrid Lindgren
Guck mal, Madita, es schneit!
Bald ist Weihnachten

Wenn Gott ein Feuerwerk für dich macht

Vielleicht liegt hinter dir ein Jahr, das nicht leicht war.
Vielleicht ist so manches schiefgegangen.
Vielleicht hast du Fehler gemacht und Ziele nicht erreicht,
die du dir gesteckt hattest.
Vielleicht fühlt sich alles noch recht unfertig an.
Vielleicht musstest du dich von Menschen verabschieden.
Vielleicht bist du ganz schön aus der Puste.

Gott macht heute ein Feuerwerk für dich.

Seine Liebe und Treue kommen mit dir ins neue Jahr.
Er bietet dir sein „Nah sein" an – jeden Tag neu.
Er ist ein Gott der Neuanfänge.
Deine Fehler trägt er dir nicht nach.

Er feuert Dich an, nicht aufzugeben.

Er ermutigt dich, groß zu denken und zu träumen.
Er beginnt morgen mit dir ein neues Kapitel.
Aber keine Sorge, das Alte hat er auch im Blick.
Er verbindet die Wunden deines letzten Jahres.
Er will dich heil machen.
Er gibt dir neue Kraft, neuen Mut und neue Luft zum Atmen.

Vielleicht hast du sein Feuerwerk für dich gesehen.
Er hat es in den Himmel gemalt.
Um dir zu sagen:
Ich liebe dich!
Vertrau mir!

Drei Suchende

Mich faszinieren diese 3 weitgereisten Weisen, die in der Weihnachtsgeschichte als Letzte an der Krippe ankommen.
Sie schienen hungrig nach Neuem gewesen zu sein, haben sich nicht zufrieden gegeben mit dem, was sie in ihrem Leben schon verstanden hatten. Obwohl sie wohl sehr studierte und gelehrte Weise waren.

Sie sehen diesen besonderen Stern und machen sich auf die Suche.
Wollen finden.
Und entdecken vielleicht den größten Schatz ihres Lebens.
Sie begegnen einem kleinen Kind, das sie auf die Knie zwingt.
Vielleicht ist das auch eine Art Kapitulation vor dem eigenen Wissen,
das bis jetzt ihren Kopf füllte.

Was da an der Krippe passierte, bewegte etwas in ihren Herzen
und ließ sie verändert weitergehen.
Gefunden haben sie nur, weil sie gesucht haben und ihr bequemes
Sternstudio verlassen haben.

Wie oft begnüge ich mich mit schnellen Erkenntnissen
und füttere meinen Kopf mit weiterem Wissen.
Wie oft begnüge ich mich mit dem, was ich schon weiß.
Wie abgeklärt oft meine Sicht.

Ich will mein Herz neu füllen lassen
mit heiliger Unruhe.

Ich will Suchende bleiben, auch wenn ich durch die Wüste muss,
um die Krippe zu finden.
Will diesen Moment erleben, bei Jesus sein und dann
mit gefülltem Herz weiterziehen.

Und ich staune – auch sie waren Suchende,
die letztlich gefunden wurden von einer Himmelserscheinung,
die sie zu Jesus selbst führte.

Sonntag

Tag der Entschleunigung.
Tag der Gewissheit.

Ich bin genug.
Ich habe genug.

Ich darf mich anlehnen bei meinem Schöpfer, der alles hat, was ich brauche und der verschwenderisch beschenkt und nichts zurückhält.

Sonntag, Tag, der mich einlädt, Herz und Seele baumeln zu lassen,
ganz unabhängig von den Umständen und dem,
was noch getan werden muss.
Vielleicht ist es bei dir kein Sonntag, sondern ein Montag
oder ein Dienstag. Ein Tag der Unterbrechung.
Ein Tag, an dem wir durchatmen, den brauchen wir.
Pausenloses Arbeiten am Stück macht krank und lässt uns leer zurück.

*Wenn sogar ein Weltenschöpfer ruht,
dann darf ich das auch.*

Wie gerne wäre ich dabei gewesen, als er sich sein Werk ansah und schon damals wusste, wie sehr seine Menschen diesen Tag brauchen werden.

Beim Ruhen erkannte er, wie gut alles geworden war.

Vielleicht gibt es einen Zusammenhang zwischen Ruhe
und Dankbarkeit.
Zwischen Anhalten und Beschenktwerden.

Zwischen Stillsein und Wahrheiterkennen.
Zwischen offenen, leeren Händen und Gefülltwerden.
Zwischen Leere und leiser Hoffnung, die auch am Montag noch trägt.

Hoffnungssuche am Ende des Jahres

Sag, was nährte deine Hoffnung?
Was machte es dir leicht, an ein Morgen zu glauben, für das es sich lohnte, einen Apfelbaum zu pflanzen?
Was ließ dich summen und tanzen, während du vertieft in deine tägliche Arbeit warst?
Wann hast du schallend gelacht und es gluckste nur so aus dir heraus?
Wann hast du es erlebt, dass dein Herz vor Freude hüpfte und du dabei tief durchgeatmet hast?
Was waren die Licht-Momente, voller Sonne und Dankbarkeit und welche Schätze durftest du heben?
Welchen Duft wirst du nicht vergessen?
Vielleicht der vom Apfelkuchen deiner Mama, der so nach Zuhause riecht?
Vielleicht der vom frisch geborenen Baby in deinem Arm?
Vielleicht der vom Abendwind, der über dein Gesicht strich?
Welcher Ton wird in deinem Ohr bleiben?
Und was war in diesem Jahr die Melodie deines Herzens?

Sammle alles ein wie einen Schatz, den du mitnehmen kannst ins neue Jahr.

Es wird deiner Hoffnung Flügel geben.

Was waren deine Hoffnungsräuber?
Was hat dir den Atem geraubt und dich müde gemacht?
Was lag auf deinen Schultern und welche Rucksäcke würdest du gerne ablegen?
Welche Töne waren schrill und verletzend und welche Worte haben dir den Mut geraubt?
Welche Orte hättest du am liebsten sofort wieder verlassen und welche Menschen haben dich nicht gesehen oder verstanden?

Lass die Hoffnungsräuber los.
Bring sie dem, der weiß, wie du die Schatten des
letzten Jahres loswirst.
Sieh an, was du losgelassen hast.
Und sieh an, was du mitnehmen willst.

Und dann schließ die Tür dieses vergangenen Jahres
und gehe mutig in ein neues Jahr.

Du wirst erwartet.
Er steht an der Türschwelle auch mitten in den Übergängen,
wenn das Leben ruckelt und sich neu finden muss.
In seinen Händen hält er ein Schild, auf dem mit großen Buchstaben
steht: Herzlich willkommen.

Da wartet neue Hoffnung.
Freude auf das, was vor dir liegt.
Er schenkt dir Mut für morgen.
Leise freudige Erwartung.
Entdeckergeist.
Kraft für jeden Schritt und das Vertrauen, dass du nicht allein gehst.

Hoffnung begleitet dich.
Sein Name ist Jesus.

Meine Hoffnung und meine Freude, meine Stärke, mein Licht.
Christus, meine Zuversicht. Auf dich vertrau' ich und fürcht' mich nicht.
Auf dich vertrau' ich und fürcht' mich nicht.
(Text: Taizé)

DANKE!

Autorinnen fallen meistens nicht aus dem Himmel.

Sie sind ganz normale Menschen.

Autorin darf sich jemand nennen, die Rückenwind bekam, ein Buch zu schreiben. Eine Chance. Eine Ermutigung loszugehen. Menschen, die gelesen und dann Türen geöffnet haben für dieses Buchprojekt. Dafür bin ich sehr dankbar. Ohne die Möglichmacher*innen gäbe es keine Bücher. Ihr seid guter Rückenwind, der mich zum Gehen ermutigt hat.

Dieses Buch erzählt vom echten Leben. Von Erlebnissen und Geschichten, die mir etwas bedeuten. Von Menschen, die mich inspiriert haben und von denen ich gelernt habe. Ich teile Gefundenes und Geschenktes.

DANKE!

Martin, Lotta, Mats, Pelle und Jonte. Mit euch habe ich so viele Schätze gefunden. Ihr kennt mich, wie ich bin. Wir leben und lieben das echte Leben zusammen. Viele meiner Zeilen haben ihren Ursprung bei euch. Sie sind entstanden zwischen vollen Wäschekörben, fliegenden Bauklötzen, wütendem Stampfen und lautem Gelächter. Durch euch habe ich gelernt, genau hinzusehen, eine Suchende zu sein. Zu vertrauen, dass im Hier und Jetzt alles ist, was wir brauchen. Gemeinsam haben wir so viel bewältigt und geschafft in den letzten Jahren. Bei euch bin ich daheim. Ich liebe euch!

In einigen Kapiteln erzähle ich, was mich geprägt hat,
wie ich groß geworden bin.

Die, die ich bin, wurde ich durch Menschen, die mich
ins Leben geliebt haben.

Mama und Papa – bei euch fand ich Wurzeln und Flügel.
Sie erden und tragen – bis heute.

Oft bin ich umgezogen und habe mit ganzem Herzen da gelebt, wo ich war. Im Schwarzwald, im Ruhrgebiet, im Allgäu und in Ostfriesland. Mit den unterschiedlichsten Menschen durfte ich Leben und Glauben teilen. Diesen Schatz trage ich tief in mir. Euch verdanke ich Weite und den Blick über den Tellerrand. Ihr habt mir beigebracht, ohne Angst Fragen zu stellen und mich ermutigt, Jesus zu suchen auch an Stellen, an denen ich nicht gesucht hätte. Durch euch habe ich gelernt, Vielfalt zu schätzen und auch einen eigenen Stand zu finden.

Danke an „mein Dorf". Ich „Reisende" darf seit einigen Jahren erleben, was es heißt, zu wurzeln. Nicht mehr auf dem Sprung zu sein. Anzukommen. Der Platz würde nicht reichen, um jeden eurer Namen aufzuschreiben. Familie in Franken und Ostfriesland, Freundinnen, Herzensschwestern, Motivatoren, Ermutiger, Suppenköche, Kinderbespaßer, Schönliebende, Herzteiler, Nachbarn, Menschen, die uns Familie hier vor Ort geworden sind. Menschen, die einen festen Platz an unserem Küchentisch haben.

Danke, liebe Ruth Atkinson, dass du meine kleinen Zeilen im Großen weiten Netz gelesen hast und mir eine Tür zum Neukirchener Verlag geöffnet hast. Danke für das Vertrauen.

Danke, Marco Michalzik, für die Erfahrung, einen Lektoren an der Seite zu haben. Du hast gute Fragen gestellt. Floskeln entlarvt und mich ermutigt, der Kraft des Alltäglichen zu vertrauen.

Danke, Jesus, du bist meine Hoffnung.

Quellenverzeichnis

Das verlorene Paradies: Prediger 3,11.

Neues: Jesaja 43,19.

Von einer Amsel und dem Vertrauen: Matthäus 6,26.

Wunden und Wunder: Psalm 23,4.

Tränen: Psalm 56,9.

Sturmbezwinger: Matthäus 14,31.

Beladen: Matthäus 11,28.

Dunkel-Freitag: Lukas 23,46.

Manna für einen Tag: 2. Mose 16.

Vom Segen der Gemeinschaft: Dietrich Bonhoeffer – Gemeinsames Leben.

Segne mich: 1. Chronik 4,10.

Grenzkind: Kirchenlied, dt. Fassung: Ignaz Franz, 1768.

Auf der Suche nach Weihnachten: Jeremia 29,13, Matthäus 7,7.

Was liegt unter deinem Baum: Sprüche 4,23.

Drei Suchende: Matthäus 2,1-12.

„Meine Hoffnung und meine Freude …“

Dorothea Bronsema steht mit ihrem neuen Buch gerne für Lesungen und Veranstaltungen zur Verfügung.

www.dorotheabronsema.de

MIX
Papier aus verantwortungsvollen Quellen
FSC® C014138

Bibliografische Information der Deutschen Nationalbibliothek:
Die Deutsche Nationalbibliothek verzeichnet diese Publikation in der Deutschen Nationalbibliografie; detaillierte bibliografische Daten sind im Internet über http://dnb.d-nb.de abrufbar.

Gesamtgestaltung: Miriam Gamper-Brühl, Essen, www.3kreativ.de
Coverfoto: © Annie Spratt auf Unsplash
Fotos im Innenteil: © Dorothea Bronsema,
außer Seite 47 © Thomas Sackmann
Lektorat: Marco Michalzik, Marburg
Verwendete Schrift: Northwell, Avenir, Adobe Garamond
Gesamtherstellung: Finidr, s.r.o., Český Těšín
Printed in Czech Republic
ISBN 978-3-7615-6962-7

www.neukirchener-verlage.de